Eclesiología

Eclesiología

La Iglesia como comunión y misión

Fundamentos de la fe católica
Serie ministerio pastoral

Morris Pelzel, Ph.D.

Thomas P. Walters, Ph.D.
Editor de la serie

NATIONAL CONFERENCE FOR
CATECHETICAL LEADERSHIP

LOYOLA PRESS.
Un Ministerio Jesuita
Chicago

LOYOLA PRESS.
UN MINISTERIO JESUITA

3441 N. Ashland Avenue
Chicago, Illinois 60657
(800) 621-1008
www.loyolapress.com

Nihil Obstat
Reverendo Louis J. Cameli, S.T.D.
Censor Deputatus
3 de octubre de 2005

Imprimatur
Reverendo George J. Rassas
Vicario General
Arquidiócesis de Chicago
14 de octubre de 2005

El *Nihil Obstat* e *Imprimatur* son declaraciones oficiales de que un libro está libre de errores doctrinales y morales. Aun así, tal afirmación no implica que quienes han concedido el Nihil Obstat e Imprimatur estén de acuerdo con el contenido, opiniones o declaraciones expresadas.

Publicado originalmente en inglés bajo el título *Ecclesiology. The Church as Communion and Mission*. Traducción al castellano por Carlos Maciel.

Ilustración de portada: Steve Snodgrass. Diseño de portada e ilustraciones interiores: Other Brother Design. Los reconocimientos que aparecen en la página 129 constituyen una continuación de la página de los derechos reservados.

Información catalogada en la Biblioteca del Congreso
Pelzel, Morris.
  [Ecclesiology. Spanish]
  Eclesiología : la iglesia como comunión y misión / Morris Pelzel.
    p. cm. — (Fundamentos de la fe católica)
  ISBN-13: 978-0-8294-2375-4
  ISBN-10: 0-8294-2375-3
  1. Church. 2. Catholic Church—Doctrines. I. Title. II. Series.
BX1746.P38718 2006
262'.02—dc22

                                    2005032477

Impreso en los Estados Unidos de América.
          11 12 13 14 15 Bang 10 9 8 7 6

Índice

Acerca de la Serie

Fundamentos de la fe católica: serie ministerio pastoral ofrece una comprensión profunda y accesible de los fundamentos de la fe católica a los adultos que se preparan para un ministerio laico y a quienes se interesan en su propio crecimiento personal. La Serie ayuda a los lectores a explorar la Tradición católica y aplicar lo aprendido a su propia vida y situaciones ministeriales. Cada título ofrece una confiable introducción a un tema específico y proporciona una comprensión fundamental de los conceptos.

Cada ejemplar de la serie presenta una comprensión católica de sus temas respectivos, tal como se encuentran en la Escritura y en la enseñanza de la Iglesia. Los autores han puesto atención especial a los documentos del Concilio Vaticano II y al *Catecismo de la Iglesia Católica*, de manera que por medio de estas fuentes esenciales puede emprenderse un estudio ulterior.

Los capítulos concluyen con preguntas de estudio que pueden usarse en grupos pequeños o en la reflexión personal.

La iniciativa de la National Conference for Catechetical Leadership (NCCL) llevó al desarrollo de la versión anterior de esta serie. La indispensable contribución del editor de la serie, Dr. Thomas Walters, ayudó a asegurar que los conceptos e ideas presentadas aquí fuesen fácilmente accesibles a una mayor audiencia.

Normas para certificación: materiales para el ministerio eclesial

Cada libro en esta serie de teología hace referencia a las normas para certificación identificadas en los documentos que se mencionan más abajo. Tres organizaciones nacionales para el ministerio eclesial han aunado su experiencia profesional para ofrecer en un sólo documento las normas que deberán observarse en la preparación de ministros capacitados para dirigir la catequesis parroquial, la pastoral juvenil y los coordinadores de la pastoral parroquial. Un segundo documento presenta las normas para la certificación de los demás ministros pastorales. Ambos documentos también incluyen las aptitudes personales, teológicas y profesionales que deberán cultivar los que participan en todos los ministerios eclesiales.

> *Normas Nacionales para Certificación de Ministros Eclesiales Laicos para los Dirigentes de la Catequesis Parroquial, Dirigentes de la Pastoral Juvenil, Asociados Pastorales, Coordinadores de Vida Parroquial. National Conference for Catechetical Leadership, Washington, D.C., 2003.*

> *Normas Nacionales para Certificación de Ministros Pastorales:* National Association for Lay Ministry, Inc. (NALM), 2005.

Ambos documentos presentan la amplia gama de conocimientos y aptitudes que exigen los ministerios catequéticos y pastorales de la Iglesia y establecen las pautas necesarias para desarrollar programas de capacitación que incluyan todos los aspectos que las organizaciones responsables de su desarrollo han considerado importantes para esas tareas. Esta Serie para el ministerio pastoral se ofrece como complemento a los ministros pastorales para facilitar el logro de estas metas.

La constatación de que existen objetivos comunes permite identificar un fundamento unificador para quienes preparan líderes para el ministerio. Se pueden obtener copias de este documento llamando directamente a estas organizaciones o visitando sus páginas digitales:

NALM
6896 Laurel St. NW
Washington DC 20012
202-291-4100
202-291-8550 (fax)
nalm@nalm.org/ www.nalm.org

NCCL
125 Michigan Ave. NE
Washington DC 20017
202-884-9753
202-884-9756 (fax)
ccl@nccl.org / www.nccl.org

NFCYM
415 Michigan Ave. NE
Washington DC 20017
202-636-3825
202-526-7544 (fax)
info@nfcym.org / www.nfcym.org

Introducción

Ste libro trata acerca de la Iglesia. Lo que equivale a decir, que trata acerca de nosotros, porque nosotros somos la Iglesia. Sin embargo, en primer lugar este libro trata acerca de Dios porque nosotros, la Iglesia, estamos constituidos y sostenidos en nuestra vida por la presencia y la acción de Jesús y el Espíritu Santo, enviados a nosotros por Dios Padre. Al igual que la Iglesia, también este libro, trata realmente acerca de las relaciones, las conexiones y la mutua donación y acogida entre las personas divinas y humanas.

Eclesiología: la Iglesia como comunión y misión es un estudio teológico de la Iglesia. Por tanto éste presenta una eclesiología, es decir, una teología de la Iglesia. Lo que aquí se ofrece refleja tanto nuestra experiencia de ser Iglesia como nuestra esperanza de lo que quisiéramos llegar a ser como Iglesia. Es una visión que nos llama a la acción.

Este libro fue compuesto haciendo una referencia especial al *Catecismo de la Iglesia Católica (CIC)* y al recientemente publicado *Directorio General para la Catequesis (DGC)*. Ambas fuentes están saturadas de citas y de referencias tomadas de los documentos oficiales de la Iglesia, especialmente de los documentos del Concilio Vaticano II y de declaraciones posteriores. Los lectores se darán cuenta de que en este libro existen referencias frecuentes a dichos documentos, lo mismo que a otras fuentes teológicas. La intención es presentar un estudio de la Iglesia que refleje los temas y las perspectivas principales, presentes en esas enseñanzas autoritativas. Al mismo tiempo, el libro quiere ofrecer una presentación de temas e ideas, de alguna manera originales, en su ordenamiento y expresión. Animamos a los lectores a que vayan a los documentos en su fuente original, lo mismo a que consulten otros estudios de eclesiología.

Quisiera agradecer al Dr. Thomas Walters, un colega de la Facultad de teología en Saint Meinrad School of Theology. El aliento y los consejos de Tom me ayudaron a mantener la confianza durante la composición de este libro. Agradezco a Tom, a su esposa Rita y a Paul Kaiser, por la lectura del manuscrito y por sus observaciones sinceras y profundas. Espero que al haber seguido sus sugerencias haya logrado que la lectura del libro resulte más clara y dinámica. No obstante, los defectos son solamente míos.

Deseo dedicar el libro a mi familia: a mis padres, Albert y Clara Pelzel; a mis hermanos y hermanas y a sus familias, a mi esposa Pamela y a nuestra hija Madelein Rose. He sido enormemente bendecido al ser parte de esta "Iglesia doméstica".

Capítulo 1

Una visión de Iglesia, comunión y misión

Para la mayoría de los católicos la celebración de la Misa es la experiencia más completa de lo que significa ser cristiano y de lo que significa ser Iglesia. Al reunirnos en la presencia de Dios y de los demás, al escuchar los relatos de la salvación, al compartir el pan de la Eucaristía y el cáliz en la mesa del Señor, estamos reafirmando nuestra identidad como cristianos. Luego de haber celebrado la liturgia eucarística, somos enviados al mundo para vivir la vida cristiana y para proclamar el mensaje cristiano en nuestra vida diaria.

"Comunión" y "misión" como estructura para la eclesiología

Este libro es un estudio teológico de la Iglesia, es decir, una eclesiología. En la liturgia eucarística y en toda la vida cristiana, existe un dinamismo tal que nos proporciona una clave profunda para comprender la Iglesia. En este movimiento dinámico de reunirse y despedirse, simbolizado en los ritos de acogida y despedida que estructuran la Misa, tenemos los elementos básicos para una teología de la Iglesia. En categorías teológicas, esos elementos básicos pueden designarse como "comunión" y "misión". La reflexión sobre nuestra continua experiencia de comunión y misión puede proporcionarnos una visión precisa de lo que significa ser Iglesia.

Al concentrarnos en la comunión y misión como categorías para comprender la Iglesia, estaremos siguiendo la perspectiva del Concilio Vaticano II. La Iglesia como tal fue el principal centro de atención en las deliberaciones y documentos del Concilio Vaticano II. Los concilios ecuménicos anteriores realizados en la historia de la Iglesia habían concentrado su atención en diferentes temáticas. Por ejemplo, los primeros concilios ecuménicos que se celebraron en las antiguas ciudades de Nicea (325 d.C.), Constantinopla (381) y Calcedonia (451), se concentraron en la cuestión de cómo podrían los cristianos comprender y hablar adecuadamente de Dios y de Jesucristo. Estos concilios produjeron las formulaciones básicas de nuestra fe en relación a la Trinidad y a la plena humanidad y divinidad de Jesucristo. Estableciendo una comparación, podemos decir que en el Concilio Vaticano II, el principal tema a analizar no fue la doctrina de Dios o la persona de Cristo, sino la naturaleza e identidad de la Iglesia.

El Concilio Vaticano II produjo dieciséis documentos, los cuales en cierta medida están relacionados con la renovación de la vida de la Iglesia. Dos documentos en particular reflexionan explícitamente sobre la Iglesia: la *Constitución dogmática sobre la Iglesia (Lumen gentium, LG)* y la *Constitución pastoral sobre la Iglesia en el mundo contemporáneo (Gaudium et spes, GS)*. Al promulgar estos dos documentos, el Concilio decidió abordar el tema de la Iglesia desde dos perspectivas interrelacionadas y complementarias: la vida interna de la Iglesia (*ecclesia ad intra*) y la vida de la Iglesia en el mundo (*ecclesia ad extra*).

Aunque estas dos perspectivas pueden distinguirse de manera conceptual, en la realidad concreta no pueden separarse. Aun en aquellas situaciones en que la Iglesia parece estar demasiado enfocada en su propia vida interna (por ejemplo en la liturgia o la catequesis), está presente en el mundo, y sus miembros vienen a la liturgia y a la catequesis desde el contexto de su vida en el mundo. De la misma manera, en aquellos momentos cuando la Iglesia parece demasiado concentrada en su compromiso en el mundo (por ejemplo, al ofrecer ayuda humanitaria o al intentar influir en el rumbo de la política social), solamente puede ser eficaz en la medida en que esa actividad brote de una comunidad que tenga una vida interior vibrante y llena de vida.

Podemos comprender estas perspectivas complementarias de *Lumen gentium* (la vida "interna" de la Iglesia) y *Gaudium et spes* (la vida "externa" de la Iglesia) como equivalentes a nuestras categorías de comunión y misión. La vida interna de la Iglesia se realiza en la comunión de sus miembros con Dios y con el prójimo. La vida externa de la Iglesia es la misión, que realiza de muchas maneras, en el mundo. Ambas son necesarias para una comprensión global de la Iglesia. Más precisamente, la comunión y la misión no pueden entenderse al separar una de la otra. En palabras del Papa Juan Pablo II:

La comunión y la misión están profundamente unidas entre sí, se compenetran y se implican mutuamente hasta tal punto que *la comunión representa a la vez la fuente y el fruto de la misma:* la comunión es misionera y la misión es para la comunión. Siempre es el único e idéntico Espíritu el que convoca y une a la Iglesia y el que la envía a predicar el Evangelio "hasta los confines de la tierra". (Hechos 1: 8)

(Sobre la comunión y la misión de los fieles laicos y la Iglesia en el mundo. *[Christifideles laici, CL], 32*)

De esta manera, la comunión, vínculo de relación con Dios y con los demás, que los cristianos experimentan en su vida diaria, y más intensamente en la liturgia eucarística, no los "encierra en sí mismos". Nuestra vida "interna" como Iglesia no es una vida aislada de los no cristianos ni del mundo secular del exterior; más bien, es la experiencia a la cual invitamos al mundo entero a que participe. Como cristianos no debemos permanecer simplemente en la Iglesia como en un refugio cómodo de amigos de mentalidad parecida; tenemos como imperativo ampliar siempre los círculos de inclusión en nuestra vida comunitaria, hasta llegar finalmente a "los últimos rincones de la tierra". El rito de despedida al final de la misa no significa simplemente: "La alegría del Señor es nuestra fuerza, pueden ir en paz". Esto no significa que todo acaba ahí y que se nos permite regresar a casa, más bien significa: "vayan ahora al mundo y vivan allá lo que aquí han celebrado". Precisamente la palabra "misa" proviene de la fórmula latina para el rito de despedida —*Ite, missa est*— que significa: "Vayan, la misa ha terminado, sigan adelante". De este modo, "misa" y "misión" provienen de la misma fuente; así, no podemos realmente comprender la misa sin considerarla como algo que nos conduce a asumir nuestra misión como cristianos en el mundo. Este es el verdadero significado que se nos trasmite al ser "des-pedidos" de la liturgia eucarística.

Pero, ¿cuál es esta misión? Aunque incluye diversas formas, en definitiva el objetivo de la misión cristiana es ampliar y enriquecer la comunión de la familia humana, para hacerla completamente inclusiva. El objetivo es ampliar la asamblea eucarística. Desde una perspectiva cristiana, así como toda reunión (comunión) conduce en algún momento a un envío (misión), así también el propósito del envío es fomentar y ampliar la experiencia de la comunión.

En los documentos oficiales y en la literatura teológica posterior al Concilio Vaticano II, ha existido un creciente acuerdo de que la "comunión" es la categoría que mejor explica la naturaleza esencial de la Iglesia. Ha existido un florecimiento de "las eclesiologías de comunión". Tal vez ha sido menor la insistencia en la "misión", aun cuando sea una categoría igualmente importante para comprender la Iglesia, y es que en realidad, uno no puede comprender plenamente la "comunión" en la Iglesia, sin comprender a la vez la "misión". Con esto no se quiere decir que la "misión" no ha recibido la atención suficiente, sino más bien que no se ha reflexionado tanto entre, "comunión" y "misión" como en el concepto de la comunión. No es raro ver referencias a la naturaleza y misión de la Iglesia, las cuales, aunque no sean técnicamente incorrectas, podrían dar la impresión de que la misión de la Iglesia en el mundo no forma parte realmente de su naturaleza. Es más correcto decir que la naturaleza de la Iglesia es misionera, o también decir que la comunión y la misión forman juntas la naturaleza o la esencia de la Iglesia.

La comunión y misión de la Trinidad, fuente de la comunión y misión de la Iglesia

Al afirmar que la dinámica entre comunión y misión es lo que define a la Iglesia, no solamente estamos diciendo algo acerca de la Iglesia. De hecho, la razón por la cual afirmamos que la vida eclesial es definida por la comunión y la misión es que estas mismas realidades, antes que nada, son características de la vida divina. Dios es una comunión de personas, cada una igual a la otra, que comparten una vida de mutua donación y acogida. Y en el plan amoroso y misericordioso de Dios, esta comunión divina está abierta al mundo creado por la misión del Hijo y del Espíritu en el mundo. En otras palabras, Dios Padre envía al Hijo y al Espíritu Santo al mundo con la intención de atraer a la familia humana a su propia comunión de vida familiar. Así, al comienzo de *LG*, en los artículos 2 al 4, presenta la base trinitaria de la unidad de la Iglesia (comunión) con la siguiente conclusión: "Así se manifiesta toda la Iglesia como una muchedumbre reunida por la verdad del Padre y del Hijo y del Espíritu Santo". (*LG*, 4, citando a Tomás de Aquino, *Summa Teol.* III, q. 63, a.2.) De la misma manera, al inicio del Concilio Vaticano II el *Decreto sobre la actividad misionera de la Iglesia (Ad gentes divinitus, AGD)*, existe una cimentación equivalente a la misión eclesial en las misiones divinas:

> La Iglesia peregrinante es misionera por su naturaleza, puesto que toma su origen de la misión del Hijo y del Espíritu Santo, según el designio de Dios Padre. (2)

En la reflexión teológica posterior al Concilio, ha habido una toma de conciencia, gradualmente más profunda, de la interrelación entre la vida eclesial y la vida divina. Si durante el tiempo del Concilio, al inicio de la década de los sesenta, el tema de la Iglesia fue el tema predominante en la reflexión teológica, hay que hacer notar que en las décadas de los ochenta y los noventa, el tema de la Trinidad ha sido el tema que más ha atraído la atención teológica en el mundo cristiano. Han aparecido numerosos estudios sobre la Trinidad, la mayoría de los cuales han argumentado en alguna medida, que la Trinidad pertenece al centro de la vida cristiana y de la reflexión teológica. El *Catecismo de la Iglesia Católica (CIC)* es también muy directo sobre este particular:

> El misterio de la Santísima Trinidad es el misterio central de la fe y de la vida cristiana. Es el misterio de Dios en sí mismo. Es, pues, la fuente de todos los otros misterios de la fe; es la luz que los ilumina.

Es la enseñanza más fundamental y esencial en la "jerarquía de las verdades de fe".

(CIC, 234)

El volver a centrar nuestra atención sobre la Trinidad nos ha ayudado a recuperar el centro genuino de la teología cristiana y a situar los otros temas teológicos, como la Iglesia, en su contexto propio. Por tanto, lo que se dice acerca de la Iglesia está basado en lo que se dice acerca de Dios. Esto no equivale a decir que no existan diferencias entre Dios y la Iglesia con respecto a la comunión y la misión. Más bien, enfatizamos que la reflexión sobre la Iglesia tiene como último punto de referencia nuestra comprensión de Dios.

Ampliando la perspectiva, el plan de este libro

Este libro desarrollará una visión de la Iglesia de acuerdo a la dinámica de la comunión y la misión. Es claro que será necesario profundizar mucho más en lo que estos dos términos significan. ¿Qué es la comunión? ¿Cómo vivimos diferentes grados y niveles de comunión con otras personas? ¿Qué es la misión? ¿Cuáles son las diferentes formas en que ésta se realiza? ¿De qué manera los cristianos de un determinado tiempo, lugar y contexto cultural encarnan el llamado a la comunión y la misión en formas específicas de vida y de actividad? ¿Deberemos preguntarnos regularmente, cómo estamos respondiendo a la misión de hacer la comunión cristiana más rica, vibrante e incluyente?

Los siguientes capítulos intentarán explicar esta perspectiva. En el capítulo dos nos enfocaremos sobre el tema de la Iglesia como una *comunión de discípulos*. Consideraremos de forma más detallada el concepto de comunión, tanto en el nivel de relación de los cristianos con Dios, como al nivel de la relación de unos cristianos con otros. Describiremos a la Iglesia no sólo como una comunión de personas, sino como una comunión de discípulos.

Este término enfatizará que nuestra comunión con los demás, no significa que todos seamos parecidos o idénticos. Más bien, mientras una persona entra o participa más profundamente en la comunión de la Iglesia, más profundamente él o ella descubre y se experimenta a sí misma como una identidad única y distinta, como persona y como cristiano. En realidad, podemos conocernos más profundamente por nuestras relaciones con los demás. Así, aunque todos los cristianos seamos iguales por virtud del Bautismo y por haber sido creados a imagen y semejanza de Dios, cada uno de nosotros realiza su identidad cristiana de una manera relativamente única. Este capítulo también explorará los niveles de comunión entre los miembros de la Iglesia, partiendo desde nuestra familia particular en la fe hasta la comunidad parroquial local y la diócesis, y finalmente hasta la Iglesia universal.

En el capítulo tercero asumiremos el ordenamiento o la estructura de la comunión eclesial. Habiendo establecido la igualdad básica del bautismo entre las personas que formamos la Iglesia, nos preguntamos: ¿De qué manera esta comunidad logra diferenciar a sus miembros en relación a los carismas y talentos, necesidades y tareas, ministerios y estados de vida? Se necesita cierto tipo de organización para el funcionamiento de una comunidad. De esa manera, en ese capítulo consideramos cómo la diversidad de dones y tareas en la Iglesia suscita las diferentes maneras de ser cristiano. Por los *estados de vida* en la Iglesia nos referimos al laicado, a los ministros ordenados, y a los consagrados (miembros de comunidades religiosas).

El concepto de las *órdenes* en la Iglesia se usa ahora fundamentalmente para referirse a los grados del ministerio ordenado, diaconal (diáconos), presbiteral (sacerdotes) y episcopal (obispos). El significado básico de ser "ordenado" equivale a decir que la relación de una persona con la comunidad entera está "ordenada" por un ministerio de servicio particular. Aunque, históricamente el término "orden" ha sido usado de una manera más general para referirse a las distintas agrupaciones de personas en la Iglesia, como sería el orden de los catecúmenos, el orden de los penitentes y muchas órdenes religiosas. Todos los cristianos pertenecen al orden de los bautizados, y sobre esta base todos estamos llamados al ministerio y a la misión. Algunas veces la Iglesia es descrita como una "comunión jerárquica", enfatizando así la estructura conferida a la Iglesia por el oficio de los ministros ordenados, especialmente de los obispos. La perspectiva del capítulo tres, aunque respeta la dimensión jerárquica de la comunión eclesial, subrayará la presencia de dones para el servicio en todos los miembros de la comunidad y destacará la tarea de orquestar estos dones para el bien común.

En el capítulo cuatro nos referiremos a dos de los principales medios para la formación de la Iglesia como comunión de discípulos, el ministerio de la Palabra y del sacramento. La Iglesia es la reunión de cuantos escuchan la Palabra de Dios, el Evangelio, y responden con fe. Al mismo tiempo consideraremos y expondremos el significado del mensaje cristiano para nuestra vida. De acuerdo a la *Constitución dogmática sobre la divina revelación (Dei verbum, DV)* del Concilio Vaticano II, "es decir, la Iglesia en el decurso de los siglos, tiende constantemente a la plenitud de la verdad misma, hasta que en ella se cumplan las palabras de Dios" (*DV*, 8). En otras palabras, tal como la historia lo revela, la Iglesia está llamada a profundizar continuamente en la comprensión del mensaje revelado en el Evangelio, reconociendo que siempre existe espacio para una comprensión más profunda. Descubriremos cómo toda la Iglesia es una comunidad que aprende y enseña, y cómo cada uno de nosotros está llamado a desempeñar un papel en este continuo descubrimiento de la verdad.

Al mismo tiempo, esta comunidad reunida por la Palabra de Dios, expresa y realiza su identidad de manera más profunda cuando celebra los sacramentos. Veremos cómo los sacramentos, de manera especial la Eucaristía, "hacen la Iglesia". Así, en el capítulo cuatro descubriremos, aún más claramente, cómo la entera celebración de la Misa, el rito de entrada, la liturgia de la Palabra, la liturgia de la Eucaristía y el rito de despedida, es la experiencia básica dentro de la cual descubrimos lo que significa ser Iglesia. Además analizaremos por qué la Iglesia misma es llamada el "sacramento universal de salvación" para el mundo.

Esta idea de la Iglesia como "sacramento para el mundo" también sirve como una transición o puente a los siguientes capítulos, los cuales se ocuparán de la misión de la Iglesia en el mundo.

Así, mientras que en los capítulos dos, tres y cuatro desarrollamos principalmente el tema de la comunión o de la vida "interna" de la Iglesia, en los capítulos cinco y seis dirigiremos nuestra atención a enfatizar el tema de la misión, es decir, la vida "externa" de la Iglesia. En el capítulo cinco, examinaremos la misión de la Iglesia como "evangelizadora de las culturas". En esta perspectiva, todos los ministerios y actividades de la Iglesia en el mundo, serán comprendidos como parte del proceso de la evangelización. El término "evangelización", que de alguna manera es un término recién llegado al vocabulario católico, adquiere una importancia decisiva para comprender la Iglesia. El Papa Pablo VI en su exhortación apostólica sobre la *Evangelización en el mundo contemporáneo (Evangelii nuntiandi, EN)* enseñó que la tarea de evangelizar de todos los pueblos constituye la misión esencial de la Iglesia: "Evangelizar, constituye, en efecto, la dicha y vocación propia de la Iglesia, su identidad más profunda". (*EN,* 14)

El Papa Juan Pablo II profundizó en la identidad de la Iglesia como una comunidad evangelizadora y ha subrayado cómo la evangelización de las culturas es siempre y al mismo tiempo, la "inculturación" del Evangelio.

En el capítulo seis nos ocuparemos de un elemento más específico de la actividad evangelizadora de la Iglesia en el mundo: la transformación de la sociedad humana a la luz del Evangelio. Aquí consideraremos el papel de la Iglesia en los diferentes terrenos de la vida en el mundo, tales como la familia, la economía, la política, los medios de comunicación, las artes y las ciencias y otros más. La Iglesia, inspirada por la enseñanza de la *GS*, ha declarado que la "acción a favor de la justicia... se nos presenta claramente como una dimensión constitutiva de la predicación del Evangelio" (*Justicia en el mundo) [JM]*. Nos veremos en la necesidad de descubrir cómo la Iglesia ha desarrollado un cuerpo de doctrina social que nos inspira para trabajar por un mundo ordenado de manera más justa. Al mismo tiempo, los cristianos, al igual que la Iglesia, estamos llamados a estar en el mundo, sin ser del mundo. La reflexión sobre la misión social de la Iglesia se llevará a cabo teniendo en cuenta claramente que el pleno cumplimiento de la misión se extiende más allá de las cosas de este mundo y prescinde de la expectativa utópica de que podremos crear una sociedad perfecta sobre la tierra.

Finalmente, en el capítulo siete, vincularemos esta visión de la Iglesia como comunión y misión con nuestra profesión de fe del Credo niceno de que la Iglesia es "una, santa, católica y apostólica". Estas características tradicionales de la Iglesia han servido frecuentemente como los temas fundamentales para organizar el estudio de la Iglesia, o eclesiología. Descubriremos que, al hablar ampliamente de la comunión y la misión, haremos un estudio completo de la Iglesia como una y apostólica. Así, en el capítulo siete, ofreceremos algunos comentarios finales sobre la Iglesia como santa y católica. Estos atributos definitorios de la Iglesia son a la vez don y tarea. Es decir, ser una, santa, católica y apostólica es algo que la Iglesia es y a la vez está llamada a ser.

Resumen

El objetivo de este libro es inspirar una visión teológica que incorpore las tendencias más importantes en la teología de la Iglesia, a partir del Concilio Vaticano II. Estoy convencido que la dinámica entre comunión y misión, acogida y envío, enraizada en la misma vida de Dios, celebrada en la liturgia y vivida en nuestro mundo, ofrece la única estructura adecuada para alcanzar una visión integral de la Iglesia. Esta es la visión que intentaremos poner en práctica mientras caminemos juntos en la vida cristiana.

Para reflexionar

1. ¿Cómo describirías la visión actual que tienes de la Iglesia?

2. ¿Experimentas en tu comunidad creyente y en su liturgia el ritmo de acogida y envío, de reunión y despedida, de comunión y misión?

3. ¿Qué significa decir que la Trinidad es la fuente de la comunión y la misión de la Iglesia?

CAPÍTULO 2

La Iglesia, comunión de discípulos

C omenzaremos este capítulo reconociendo que la Iglesia tiene a la vez una estructura u organización visible y unos vínculos invisibles que relacionan a los miembros entre sí y con Dios. Frecuentemente estas dimensiones son designadas como la dimensión institucional y la dimensión mística. La dimensión institucional de la Iglesia se manifiesta en los diferentes oficios, estructuras y formas de vida que establecen modalidades concretas de relación entre los miembros de la Iglesia; por ejemplo, las relaciones del pastor con la parroquia, del obispo con la diócesis, y de las Iglesias locales con la Iglesia universal. Así, la Iglesia tiene una estructura visible. Sin embargo, la Iglesia también tiene que ser comprendida desde la perspectiva mística. El término "mística" no se refiere a algo extraño y oculto, sino a la apertura, profundidad y misterio de relaciones que existen entre las personas. Entre los miembros de la Iglesia existe un vínculo espiritual, una participación de la vida de la gracia, una participación de vida en Cristo y en el Espíritu.

Ambas dimensiones, la institucional y la mística, son elementos necesarios en la vida de la Iglesia. Imaginen lo que pasaría si alguna de las dos estuviera ausente. Sin el elemento místico, las relaciones en la Iglesia llegarían a ser algo meramente formal y contractual, sin ningún entusiasmo subyacente y sin profundidad espiritual. Sin el elemento institucional, la vida de la Iglesia carecería de la estructura y la organización necesarias para que florezcan las relaciones.

La mayoría de las asociaciones de personas reflejan un carácter similar. Por ejemplo, en una familia típica existen a la vez los papeles de esposo, esposa, hijos (y otros parientes), además de los vínculos concretos del afecto —conyugal, paterno, filial— que representan el espíritu o la vida de la familia. Nos damos cuenta que dos familias pueden ser aparentemente idénticas en cuanto a las funciones y estructuras, pero totalmente distintas en cuanto a la calidad de su vida en común. De igual manera, las parroquias católicas típicas tienen estructuras organizacionales muy parecidas, no obstante, algunas parroquias se muestran más "vivas" que otras. De manera recíproca puede ocurrir con los movimientos eclesiales, algunos se debilitan no por ausencia de entusiasmo, sino por falta de organización. En realidad, en la vida de la Iglesia lo institucional y lo místico van de la mano y nunca pueden separarse.

Para comprender esta compleja unidad de la Iglesia, seguiremos el enfoque asumido por *Lumen gentium,* la cual dedica su primer capítulo al misterio de la Iglesia y posteriormente se ocupa de presentar la estructura institucional de la Iglesia y las relaciones entre los diversos tipos de personas que forman la Iglesia. Este ordenamiento es algo significativo, no es algo puramente accidental. Antes del Concilio Vaticano II, la mayoría de las eclesiologías católicas se enfocaban en la estructura institucional y jerárquica de la Iglesia. *LG* quiere corregir esa perspectiva unilateral y establecer el hecho de que en la Iglesia primero vienen los vínculos que nos conectan con Dios Padre y con los demás por medio de Cristo y el Espíritu Santo. Sólo hasta después nos relacionamos unos con otros como personas que tienen diferentes funciones y cargos.

En otras palabras y a manera de ejemplo, podemos decir que un laico en la Iglesia se encuentra y se relaciona con su párroco primeramente como un hermano cristiano y en segundo lugar, como un sacerdote ordenado. En realidad, no existen dos encuentros o relaciones, sino solamente una; no obstante, es importante establecer esta distinción de forma teórica. Podrá ser útil recordar un pasaje de uno de los sermones de San Agustín:

> Si me aterra el hecho de lo que yo soy *para* vosotros, eso mismo me consuela, porque estoy *con* vosotros. Para vosotros soy el obispo, con vosotros soy el cristiano, aquél es el nombre del cargo, éste de la gracia; aquél el del peligro; éste el de la salvación.
>
> (Sermón 340, 1, citado por *LG,* 32, el énfasis es añadido).

En este capítulo, nos enfocaremos en la dimensión mística de la Iglesia. Exploraremos lo que significa vivir la comunión espiritual con otras personas. Hemos señalado cómo la comunión se experimenta a diferentes grupos dentro de la Iglesia. Finalmente, el término "comunión de discípulos" se propone como una imagen particularmente apropiada para expresar nuestra vida eclesial.

La comunión, vínculo de vida en la Iglesia

Desde los años del Concilio Vaticano II ha habido un reconocimiento creciente de que la comunión es lo que mejor describe los vínculos espirituales que relacionan a los cristianos entre sí con Dios y con la Iglesia. Por ejemplo, un sínodo o encuentro de obispos convocado por Juan Pablo II en 1985, para reflexionar veinte años después sobre el Concilio Vaticano II, concluye observando que

> la eclesiología de comunión es un concepto fundamental y central en los documentos conciliares. El concepto de koinonia-comunión, hallazgo que tiene como origen la Sagrada Escritura, era tenido en gran honor en la Iglesia primitiva y en las Iglesias Orientales, dicha enseñanza se mantiene hasta nuestros días. El Concilio Vaticano II realizó una enorme labor para lograr una comprensión más clara de la Iglesia como comunión y para resaltar sus aplicaciones concretas para la vida. ¿Qué es lo que significa, entonces, esta palabra compleja, "comunión"? Su significado fundamental nos habla de la unión con Dios realizada a través de Jesucristo en el Espíritu Santo.
>
> (Informe final de la Segunda Asamblea General Extraordinaria del Sínodo de Obispos. Capítulo II, 1).

En 1992, la Congregación para la Doctrina de la Fe, una de las instituciones que colaboran en la Curia Romana, promulgó una breve carta titulada: "Algunos aspectos de la Iglesia como comunión", la cual nos ofrece una guía para la interpretación del concepto de la comunión. Dicha carta señala que el concepto de comunión está "en el corazón del autoconocimiento de la Iglesia" en cuanto misterio de la unión personal de cada hombre con la Trinidad divina y con los otros hombres, iniciada por la fe y orientada a la plenitud escatológica en la Iglesia celeste, aún siendo ya una realidad incoada en la Iglesia sobre la tierra". (3)

Uno de los llamamientos más notables a la eclesiología de comunión proviene de las ricas reflexiones compartidas por el Papa Juan Pablo II en *CL:*

Oigamos de nuevo las palabras de Jesús: "Yo soy la vid verdadera, y mi Padre es el viñador. . . Permaneced en mí y yo en vosotros" (Jn 15:1–4). Con estas sencillas palabras nos es revelada la misteriosa comunión que vincula en verdad al Señor con los discípulos, a Cristo con los bautizados, una comunión viva y vivificante, por la cual los cristianos ya no se pertenecen a sí mismos, sino que son propiedad de Cristo, como los sarmientos unidos a la vid.

La comunión de los cristianos con Jesús tiene como modelo, fuente y meta la misma comunión del Hijo con el Padre en el don del Espíritu Santo: las criaturas se unen al Padre al unirse al Hijo en el vínculo amoroso del Espíritu.

Jesús continúa: "Yo soy la vid, vosotros los sarmientos" (Jn 15:5). La comunión de los cristianos entre sí nace de su comunión con Cristo; todos somos sarmientos de la única vid, que es Cristo. El Señor Jesús nos indica que esta comunión fraterna es el reflejo maravilloso y la misteriosa participación en la vida íntima del amor del Padre, del Hijo y del Espíritu Santo. . . . Esta comunión es el mismo misterio de la Iglesia. (18)

Hemos citado estos documentos con toda amplitud para demostrar la preeminencia que dicho tema adquiere recientemente. La *experiencia* de la comunión yace en el corazón del ser de la Iglesia; así también, el *concepto* de comunión yace en el corazón de la teología de la Iglesia.

Cuando la mayoría de nosotros reflexionamos sobre nuestra experiencia de comunión eclesial, podemos pensar en la vinculación que tenemos con otros miembros de la comunidad creyente. Naturalmente, dicha vinculación se comparte de manera mucho más profunda con algunas personas que con otras; no obstante, todos los miembros de la Iglesia están unidos unos con otros en cierto grado. Pero, tal como lo manifiestan las referencias expuestas anteriormente, la comunión que las personas humanas comparten entre sí, es una comunión compartida en una comunión más básica: la comunión de personas que es el Dios trino. Si deseamos comprender el significado pleno de la eclesiología de comunión, tendremos que acercarnos al tema en tres etapas: primera, la relación entre el Padre, el Hijo y el Espíritu; segunda, la comunión entre las personas divinas y las personas humanas; y tercera, la comunión entre las personas humanas.

Padre, Hijo y Espíritu Santo, una vida de comunión perfecta

En realidad, lo que conocemos acerca de la vida de Dios, es bastante imperfecto y limitado. No obstante, como cristianos creemos que Dios ha hecho posible no sólo que conozcamos algo de la vida divina, sino que participemos de esa misma vida.

La Iglesia confiesa su fe en un Dios que es Padre, Hijo y Espíritu Santo. Esta confesión, alimentada en el culto, ha sido desde los inicios de la vida de la Iglesia, la misma estructura de las oraciones bautismales, eucarísticas y del Credo. Hacia el final del siglo cuarto, la Iglesia logró un consenso en cuanto a la fórmula de su confesión de fe en Dios: un Dios que es tres personas. En su intento de alcanzar alguna comprensión de este gran misterio, la tradición cristiana ha reflexionado en lo que significa que Dios sea tres personas. Tal reflexión es un giro crucial para que comprendamos lo que significa ser personas; sobre todo, si tomamos en serio las enseñanzas del Génesis de que Dios creó a los hombres y mujeres a imagen suya (Génesis 1:27).

La intuición más importante acerca del significado de ser persona es que nos convertimos realmente en personas en y por medio de nuestra relación con los demás. Descubrimos nuestra identidad como personas cuando nos entregamos nosotros mismos a los demás y, recíprocamente, recibimos en nosotros el don de los demás. Descubrimos lo que es ser una persona en el ritmo de dar y recibir, precisamente porque este mismo ritmo es antes que todo, característico de la vida de Dios. El Padre, el Hijo y el Espíritu Santo, son lo que son porque comparten una vida de plena donación y acogida. El Padre entrega todo lo que Él es al Hijo; a su vez, el Hijo recibe todo lo que Él es del Padre. Sin embargo, este vínculo de amor es completamente mutuo y parejo; por tanto, nosotros también creemos que a su vez, el Hijo devuelve todo al Padre, quien recibe el amor pleno del Hijo. Tan profundo es este amor mutuo que también existe como una persona, a quien confesamos como el Espíritu Santo.

Quizás todo esto suena demasiado abstracto, pero el punto básico es extremadamente importante: nos convertimos en personas, y no solamente en seres aislados, en tanto que entramos en el modelo de auto donación y acogida que es primeramente la vida de Dios. Precisamente es esta autoentrega y acogida lo que crea comunión, una comunión de personas. Por tanto, debemos discernir concretamente cuándo somos llamados a concretar y actualizar estos principios generales en nuestra vida. ¿Cómo nos damos a los demás? ¿Y de qué manera podemos ser lo que somos, mediante el don de los demás?

Estamos invitados a compartir la vida de Dios

Los cristianos confesamos que Dios Padre nos ofrece, en el envío del Hijo y del Espíritu Santo al mundo, la oportunidad de participar en la vida divina de comunión. El documento del Concilio Vaticano II sobre la *Divina revelación*, *DV*, nos habla de la siguiente manera:

> Dispuso Dios en su sabiduría revelarse a sí mismo y dar a conocer el misterio de su voluntad (Efesios 1:9), mediante el cual los hombres, por medio de Cristo, Verbo Encarnado, tienen acceso al Padre en el Espíritu Santo, y se hacen consortes de la naturaleza divina (ver Efesios 2:18; 2 Pedro 1:14). En consecuencia, por esta revelación, Dios invisible habla a los hombres como amigos, movido por su gran amor y misericordia con ellos, para invitarlos a la comunicación consigo y recibirlos en su compañía. (2)

Este rico pasaje destila el mensaje esencial del Evangelio: Dios viene a nosotros en Palabra y Espíritu para que podamos participar de la plenitud de la vida divina. El testimonio del Nuevo Testamento y la tradición cristiana afirman que una nueva clase de vida ha sido puesta a nuestra disposición, un tipo de vida que es distinta de (aunque no separada de) la vida natural y biológica que experimentamos como humanos.

Se han usado muchas imágenes y términos para describir la novedad de esta vida: nacer otra vez, ser recreados, salvados, redimidos, reconciliados, hechos semejantes a Dios y otros tantos. Nuestra experiencia de esta nueva vida, incluye claramente una transformación de nosotros, un cambio que podemos llamar con el nombre de conversión. En la experiencia de la conversión, como en cualquier cambio, existe a la vez un *qué* y un *cómo*, es decir, el proceso de cambio incluye lo que nosotros seremos y la manera como lo conseguimos.

Jesús y el Espíritu corresponden al qué y el cómo de la conversión. Nuestra conversión implica parecernos cada vez más a Jesús, convertirnos cada vez más en la persona que Él es, una persona que se dona a sí misma a los demás y que a su vez recibe sus dones. De esa manera, el Nuevo Testamento habla de que nuestro ser se transforma a su semejanza, su imagen, su "forma" (por ejemplo, ver Romanos 8:29, 2 Corintios 3:18). Pero, ¿de qué manera se realiza esta conversión? ¿Quién hace que ésta tenga lugar? ¿Depende solamente de nuestro esfuerzo y nuestra lucha? El mensaje del Nuevo Testamento nos dice que el primer agente en este proceso es el Espíritu Santo, que obra en nosotros. Por eso el Espíritu Santo es descrito como alguien "derramado en nuestros corazones (Romanos 5:5) o "enviado . . . a nuestros corazones" (Gálatas 4:6). La obra del Espíritu Santo es, dicho sencillamente, transformarnos a semejanza de Cristo. Y porque Cristo es a la vez plenamente humano y divino, esta transformación nos hace a la vez más humanos y nos da una participación en la naturaleza divina. Finalmente, el resultado del proceso nos conduce de regreso a Dios Padre, en quien somos adoptados como hijos o hijas, diciendo con Jesús, nuestro hermano, "Abba, Padre" (ver Gálatas 4:4–6).

De esta manera la comunión divina de personas está actuando para cambiarnos, para transformarnos, y por tanto para atraernos a su compañía. En el proceso, cada uno de nosotros es vinculado con Cristo, incorporado a Cristo, en el cuerpo de Cristo. En palabras de la *LG*:

> A sus hermanos, convocados de entre todas las gentes, los constituye místicamente como su cuerpo, comunicándoles su Espíritu. La vida de Cristo en este cuerpo se comunica a los creyentes, que se unen misteriosa realmente a Cristo, paciente y glorificado. (7)

La imagen de la vid y los sarmientos, tomada del Evangelio de San Juan, es, como lo vimos más arriba, otra metáfora para referirnos al vínculo de unidad existente entre Cristo y sus seguidores. Sin embargo, tal como fue indicado por Juan Pablo II, "la comunión de los cristianos entre sí nace de su comunión con Cristo" (*CL*, 18). Por eso, ahora vamos a considerar la experiencia de la comunión entre los miembros de la Iglesia.

La comunión entre los miembros de la Iglesia

Lo que vincula a los cristianos entre sí es su participación común en la vida divina: la inhabitación del único Espíritu en cada miembro, la incorporación de cada uno en el único Cristo, el estatuto común de hijo o hija adoptivo del el único Padre. Además, los miembros de la Iglesia participan en los *medios* por los cuales estas relaciones son actualizadas, sostenidas y fomentadas, especialmente por la predicación del Evangelio, los sacramentos y los diferentes ministerios dentro de la Iglesia. El significado original de la expresión "comunión de los santos" deriva de la participación en las cosas santas de Dios entre los miembros de la Iglesia.

Sin embargo la comunión entre los cristianos también se manifiesta en compartir todas las realidades, espirituales y materiales, que son buenas para nuestra vida. El compartir de bienes nunca es genérico o abstracto; siempre compartimos e intercambiamos bienes específicos con personas concretas. La Iglesia no es simplemente una enorme comunión de personas, aunque existen vínculos reales que vinculan a cada miembro de la Iglesia con todos los demás. Es más exacto afirmar que la Iglesia es "una comunión de comuniones". Para describir de forma más precisa la riqueza de la comunión eclesial se necesita que tomemos en cuenta los diferentes tipos de "unidades eclesiales", es decir, asociaciones de cristianos. Un hogar, una parroquia, una diócesis, y la Iglesia universal, son todos, ejemplos de unidades eclesiales.

En la visión aquí propuesta, la parroquia puede considerarse como una comunión de familias; la diócesis puede ser vista como una comunión de parroquias; y la Iglesia universal puede ser considerada como una comunión de diócesis. La *Lumen gentium* habla expresamente sobre las relaciones entre la Iglesia universal y la Iglesia "local" o "particular", lo que en este contexto, equivale a la Iglesia diocesana. En el artículo 23, *LG* reconoce a las Iglesias particulares como "formadas a imagen de la Iglesia universal; y de todas las Iglesias particulares queda integrada la una y única Iglesia Católica". La idea de Iglesia universal como una comunión de Iglesias locales, se ha ido convirtiendo en algo bastante común. Por lo cual, parece legítimo extender la idea a los niveles de lo diocesano y lo parroquial.

La parroquia, comunión de familias

La unidad eclesial más básica es la comunidad de fe. En el período del Nuevo Testamento y durante cierto tiempo, los cristianos se reunían en las casas de algún miembro de la comunidad para celebrar la liturgia y la fraternidad, debido a que eran comunidades pequeñas y no disponían para sí mismos de espacios públicos en que pudieran congregarse con seguridad. Estas primeras comunidades fueron conocidas como "casas Iglesia". Al utilizar la expresión "comunidad de fe" nos estamos refiriendo en cierto sentido a la Iglesia que se reúne en una casa, y aunque exista cierta resonancia de las primeras experiencias en la historia de la Iglesia, más bien estamos tomando nuestra inspiración del concepto de "Iglesias domésticas" que aparece en *LG* (11) y en otros documentos.

LG habla de la Iglesia doméstica —el típico hogar de una familia nuclear concreta compuesta de los padres de familia y los hijos— y acentúa la responsabilidad catequética de los padres hacia los hijos. Los padres de familia son los "primeros predicadores de la fe" (11), o los primeros maestros de la fe para sus hijos. La unidad familiar es la célula básica tanto de la sociedad como de la Iglesia, y es en sí misma una instancia de comunión de personas.

Sin embargo, no todo hogar es una familia en el sentido que hablan los documentos oficiales de la Iglesia. Los hogares pueden estar constituidos, por ejemplo, por personas solas o por adultos no emparentados que viven juntos. Otros hogares incluyen a diversas generaciones de una familia que viven juntas. Entonces, algunos hogares viven específicamente como una comunión de personas mientras que otros no, pero todos los hogares donde viven los miembros de la Iglesia están llamados a ser lugares que alimenten y sostengan la fe. Por tanto, la expresión "familia de fe", está llamada a ser una interpretación amplia e inclusiva de la expresión "Iglesia doméstica". Para la mayoría de los miembros de la Iglesia, los vínculos de comunión se viven y experimentan regularmente en el hogar y la parroquia. La parroquia no es solamente una comunión de familias, sino también una comunión de otras asociaciones eclesiales y movimientos que pueden ser más o menos numerosos, dependiendo de la parroquia. Algunas parroquias pueden tener agrupaciones eclesiales de vecinos o pequeñas comunidades de fe, en las cuales se reúne un pequeño grupo de estudio y apoyo mutuo. Otras agrupaciones menores existentes en la parroquia también representan oportunidades para una relación y un intercambio más intenso, por ejemplo, los grupos juveniles, los coros, las personas comprometidas con la escuela parroquial, quienes participan en movimientos como los Cursillos o los Encuentros Matrimoniales, o los miembros de organizaciones como los Caballeros de Colón o la Sociedad de San Vicente de Paúl.

En diferentes formas, la comunidad parroquial proporciona numerosas oportunidades para que sus miembros vivan la comunión de unos con otros. Y una vez más hay que preguntarse, ¿cuál es el corazón de la experiencia de la comunión eclesial? Es el intercambio mutuo de talentos y bienes materiales y espirituales, y de nosotros mismos, para la construcción de la Iglesia en un determinado tiempo y lugar. Nos manifestamos unos a otros y crecemos en la participación de nuestra vida como cristianos por medio de la experiencia de las relaciones interpersonales, del diálogo y de la conversación. En suma, la comunión acontece en la medida que nos damos a nosotros mismos a los demás y correspondientemente recibimos de ellos, que nos ofrecen.

De este modo, idealmente, se comunican a los demás los diversos carismas y talentos del pueblo de Dios. Así, el don del humor que tiene alguna persona, aporta alegría a quienes necesitan de un gesto de aliento. Una persona que tiene el don de la organización puede lograr y hacer posible una iniciativa social en la parroquia. Los dones de quienes tienen habilidades musicales hacen que la liturgia sea más participativa y animada. Las características personales, las aptitudes profesionales, los recursos materiales y financieros son bendiciones con las cuales hemos sido recompensados, son bendiciones idóneas para la construcción de la comunión. La diversidad de carismas y tesoros en una comunidad son la base para la variedad de ministerios en la comunidad.

La diócesis, comunión de parroquias

De la misma manera que la parroquia es una comunión de familias, así la diócesis es una comunión de parroquias. Así como el párroco es la persona que tiene la responsabilidad fundamental de velar por la unidad de la parroquia, así el obispo es la persona que tiene la responsabilidad primaria de vigilar por la unidad de la diócesis. De hecho, la palabra *obispo* significa literalmente "vigilante", según el término griego original. Es verdad que las personas y las familias participan en actividades diocesanas y parroquiales. Además, las comunidades parroquiales como tales, también pueden comprometerse en un mutuo intercambio de dones que promuevan otros niveles de comunión.

El intercambio entre las comunidades cristianas locales está atestiguado desde los períodos más tempranos del Nuevo Testamento. Pablo habla en diferentes momentos de la colecta que había promovido entre todas las Iglesias que había fundado, en favor de las Iglesias pobres de Judea. Por ejemplo, así les escribe a los romanos:

En este momento estoy a punto de salir para Jerusalén, a fin de prestar un servicio a aquellos creyentes, pues a los de Macedonia y Acaya les ha parecido conveniente hacer una colecta en favor de los creyentes necesitados de Jerusalén. Les ha parecido conveniente, aunque en realidad se trataba de una deuda, pues si los paganos han participado de sus bienes espirituales, justo es que los ayuden en lo material. (15:25–27)

Esta participación mutua (Pablo usa el término *koinonia*) entre las comunidades ayuda a fortalecer los vínculos de comunión entre ellas. Es claro, que este ejemplo es anterior al establecimiento de la estructura diocesana de la Iglesia, pero el punto importante, es que hoy, tanto como entonces, hay una comunión real que existe entre tales comunidades de fe. Algunas veces esta comunión adquiere expresiones más tangibles, como cuando una parroquia suburbana relativamente próspera, adopta a una parroquia más pobre de la zona rural o de una parte marginal de la ciudad como parroquia "hermana". De igual modo, varias parroquias pueden sostener de forma conjunta una escuela parroquial. De manera más frecuente, este nivel de comunión se realiza en el apoyo común que brindan varias parroquias para realizar programas y actividades diocesanas.

La Iglesia universal, comunión de Iglesias locales

En parte la recuperación de la eclesiología de comunión en el Concilio Vaticano II implicó una visión renovada de las relaciones entre las Iglesias locales (diocesanas) y la Iglesia universal. La eclesiología preconciliar tendía a dar la impresión de que las Iglesias locales o particulares, eran simplemente partes o ramas de la única Iglesia universal y que sólo en la Iglesia universal como tal, podría encontrarse la verdadera Iglesia de Cristo. Esta perspectiva creció a partir de una tendencia equivocada en el siglo XIX y a principios del siglo XX, que llevó a centralizar la autoridad en la Iglesia Católica en el oficio del Papado y en la administración central de la Iglesia en Roma.

Hemos notado ya que *LG* afirma que las Iglesias particulares están "formadas a imagen de la Iglesia universal" y que tales Iglesias "quedan integradas en la una y única Iglesia Católica" (23). Este documento continúa enseñando que:

> Esta Iglesia de Cristo está verdaderamente presente en todas las legítimas reuniones locales de los fieles, que, unidos a sus pastores, reciben también el nombre de Iglesias en el Nuevo Testamento... en estas comunidades por más que sean con frecuencia pequeñas y pobres o vivan en la dispersión, Cristo está presente, el cual con su poder da unidad a la Iglesia, una, católica y apostólica. (26)

Esta enseñanza no deberá interpretarse como si la Iglesia universal fuera simplemente la suma de todas las Iglesias locales. Más bien, es más sano decir que la Iglesia universal y las Iglesias locales vienen a la existencia simultáneamente. La primera comunidad de cristianos en Pentecostés fue al mismo tiempo la Iglesia universal de Cristo y la Iglesia local de Jerusalén. Dado que se fueron estableciendo comunidades cristianas (Iglesias) por todas partes, la Iglesia de Cristo era todavía una, aunque la única Iglesia universal estaba entonces actualizada en una diversidad de Iglesias locales. Cada Iglesia local, por así decir, es plenamente la Iglesia, aunque no es toda la Iglesia.

La única Iglesia Católica universal es así una comunión de Iglesias locales. Por tanto, las relaciones entre las Iglesias locales están marcadas por la misma clase de intercambio mutuo de dones que hemos observado, en las agrupaciones de los niveles más pequeños. Así como los pastores y los obispos tienen la responsabilidad particular de servir a la unidad de las parroquias y diócesis, el ministerio específico del obispo de Roma, el Papa, es mantener y preservar la comunión de las diversas Iglesias locales en el mundo.

LG también consideró las relaciones entre la Iglesia Católica y las otras Iglesias cristianas desde la perspectiva de una eclesiología de comunión. *LG* no identifica, como lo hacían los documentos anteriores, al cuerpo místico de Cristo con la Iglesia Católica visible; más bien, ha afirmado que la única Iglesia de Cristo "subsiste" en la Iglesia Católica (8). Esta afirmación y las referencias del Concilio en el Decreto sobre el Ecumenismo (*Unitatis redintegratio, UR*) mantienen una distinción entre "la única Iglesia de Cristo" y la "Iglesia Católica". El Concilio enseña que la plenitud de medios para alcanzar la comunión, los ministerios, la palabra, los sacramentos y la dirección pastoral, se encuentran solamente en la Iglesia Católica. Sin embargo, otras comunidades cristianas, poseen muchos de los elementos propios de la Iglesia de Cristo, tales como la predicación del Evangelio, cierto grado de vida sacramental, los dones del Espíritu Santo y una comunión de fe. Esto nos permite decir que la única Iglesia de Cristo, como una comunión de Iglesias, incluiría, en una manera real aunque menos completa, a las Iglesias ortodoxas y a las Iglesias de la Reforma.

Comunión más allá de la Iglesia visible

Los vínculos que unen a los cristianos son tan profundos que ni siquiera la muerte los destruye. La doctrina de la comunión de los santos expresa la convicción de que la Iglesia peregrina, la comunidad de los cristianos en la tierra, está unida con los que han pasado por esta vida. Citemos una vez más a *LG*:

> Así que la unión de los peregrinos con los hermanos que durmieron en la paz de Cristo, de ninguna manera interrumpe, antes bien, según la constante fe de la Iglesia, se fortalece con la comunión de los bienes espirituales. (49)

Los bienes espirituales que se intercambian en este ámbito se presentan como oraciones: las oraciones de la Iglesia terrestre por los muertos y la intercesión de los santos en el cielo por aquellos que están en la tierra. Podemos sentir la inclinación a limitar el término "los santos" de la expresión "comunión de los santos" a los relativamente pocos santos canonizados, sin embargo, el sentido del término en el Nuevo Testamento se refiere a todos los miembros de la comunidad cristiana. Ser santo es en realidad el destino de todo cristiano (en realidad, de todo ser humano), un destino que al menos debiera iniciarse en nuestra existencia presente.

En principio, la Iglesia es considerada, como una comunión totalmente incluyente de todos los seres humanos, tanto de los que vivieron en el pasado como de los que vivirán en el futuro. La Iglesia es un signo de la comunión que Dios quiere para todo su pueblo. La gran mayoría de la gente, de hecho, no ha vivido en la tierra dentro de la comunidad cristiana visible, mucho menos dentro de la Iglesia Católica. Y no obstante, el impulso, la misión de la Iglesia debe dirigirse hacia la inclusión de todo ser humano dentro de su comunión. Podemos y debemos esperar que esto se alcance en la realización plena del plan de Dios para la humanidad.

La Iglesia, comunión de discípulos

Concluiremos este capítulo con algunas notas sobre la Iglesia como comunión de discípulos. Aunque ninguna frase, término o imagen puede captar aisladamente todas las cosas que es necesario decir acerca de la Iglesia, esta frase sirve de forma compacta para sintetizar mucho de lo que se ha dicho en este capítulo y para preparar el que sigue.

¿Por qué usar la expresión "comunión de discípulos"? El término "discípulo", el cual significa literalmente "aprendiz", es muy importante en el Nuevo Testamento y se refiere a los seguidores de Jesús. Es un término que se recomienda por sí mismo por muchas razones. En primer lugar, "discípulos" es un término que se refiere por igual a todo cristiano, antes y más allá de cualquier función específica en la Iglesia. Algunos teólogos han usado la expresión "discipulado de iguales" para enfatizar que, en la Iglesia, lo que somos en común, es más importante que lo que somos en los puestos particulares, aún incluyendo los de gran autoridad.

Segundo, el término subraya el hecho de que todos los cristianos son aprendices, en realidad, todos los miembros de la Iglesia son realmente principiantes en el terreno de la vida cristiana. Tercero, aunque todo cristiano, está llamado a ser un discípulo, cada uno es llamado de una manera única y personal. Así fue como lo estableció el Papa Juan Pablo II en su primera encíclica, *El Redentor del hombre* (*Redemptor hominis, RH*).

> Para la entera comunidad del pueblo de Dios y para cada uno de sus miembros, no se trata solo de una específica "pertenencia social", sino que es más bien esencial, para cada uno y para todos, una concreta "vocación". . . . Si por consiguiente, queremos tener presente esta comunidad del pueblo de Dios, tan amplia y tan diversa, debemos sobre todo ver a Cristo, que dice en cierto modo a cada miembro de la comunidad: "Sígueme". Esta es la comunidad de los discípulos, cada uno de ellos, de forma diversa, a veces muy consciente y coherente, a veces con poca responsabilidad y mucha incoherencia, sigue a Cristo. (21)

El concepto de discípulo enfatiza la dignidad y valor de cada miembro independiente de la Iglesia, lo mismo que su personalidad única, su carisma y la donación del Espíritu. El término "comunión de discípulos" equilibra y expresa la relación dinámica de unidad y diversidad, lo social y lo personal, en la Iglesia. Unidad y diversidad no están en conflicto o contradicción. Más bien, ocurre precisamente lo contrario. Mientras mayor sea la profundidad de la comunión entre los discípulos, más se destacará la distinta dignidad y la personalidad única de cada discípulo. Y así es como suceden las cosas en la vida de Dios. La unidad de las tres personas divinas es algo que encaja perfectamente con la unicidad distintiva de cada cual.

Resumen

Tenemos ahora la posibilidad de seguir adelante y examinar la estructura visible de la comunión eclesial. El hecho que cada discípulo aporte dones distintos a la comunidad, encaja con la diversidad de necesidades y tareas en la comunidad, y establece la base desde la cual los diferentes ministerios, oficios y formas de vida surgen e interactúan en la Iglesia.

Para reflexionar

1. ¿Cómo podrías describir tu experiencia de comunión en la Iglesia? ¿Cómo podrías contribuir al enriquecimiento de la comunión en tu comunidad creyente?

2. Examina tu experiencia de pertenencia a la Iglesia en los diferentes niveles, familia, parroquia, diócesis e Iglesia universal.

3. ¿Cuál es la manera concreta en que Cristo te está llamando a ser discípulo (el cual estará en comunión con otros discípulos)?

CAPÍTULO 3

Carismas, ministerios y estados de vida en la Iglesia

Habiendo reflexionado en los vínculos espirituales que unen a los cristianos con el Dios trino y con los demás cristianos, ahora dirigiremos nuestra atención hacia las funciones, oficios y puestos específicos y distintos en los cuales la Iglesia se organiza visiblemente. Sin embargo, no se debe pensar que la comunión espiritual se vive con anticipación o como algo aparte de la estructura visible de la Iglesia. La diversidad de dones, oficios, condiciones y modos de vida en los cuales los miembros de la Iglesia viven, no sólo expresa su comunión con los demás y con Dios, sino que también constituye o produce la comunión en la Iglesia. Las diversas actividades y formas de vida en la Iglesia son medios indispensables para lograr la verdadera comunión. *Lumen gentium* enfatiza la unidad entre los elementos místicos e institucionales de la Iglesia de la siguiente manera:

> Pero la sociedad dotada de órganos jerárquicos, y el cuerpo místico de Cristo, reunión visible y comunidad espiritual, la Iglesia terrestre y la Iglesia dotada de bienes celestiales, no han de considerarse como dos cosas, porque forman una realidad compleja, constituida por un elemento humano y otro divino. (8)

Al mismo tiempo, existe una distinción legítima (no separación) entre la vivencia de la comunión espiritual y los medios para realizar esa vida. Los medios para edificar la comunión, principalmente la predicación del Evangelio, la celebración de los sacramentos, y la dirección pastoral en la Iglesia, existen solo para construir esa vida de comunión que comparten los miembros de la Iglesia. En la vida del mundo futuro, cuando el plan de Dios para nosotros sea cumplido plenamente, no habrá predicación, ni sacramentos, ni oficios eclesiales. La necesidad de todas estas realidades habrá desaparecido. Aún ahora, su estatuto es de alguna manera provisional. En palabras del Papa Juan Pablo II, "Aunque la Iglesia posee una estructura jerárquica, sin embargo, esta estructura está ordenada totalmente a la santificación de los miembros del cuerpo místico de Cristo". (*Carta apostólica sobre la dignidad y vocación de la mujer [Mulieris dignitatem, MD]*, 27)

Nuestro punto de partida en este capítulo serán aquellas cosas que son comunes a todos los miembros de la Iglesia. Desde ahí examinaremos cómo la distinción de discípulos en diversas posiciones y estados de vida, tiene lugar cuando todas las diferencias están ordenadas a la unidad y la comunión del todo. Analizaremos el carácter único del laico, el ordenado y de la vida consagrada en la Iglesia y describiremos los ministerios especializados del sacerdote, el obispo y el Papa. Esta distinción incluirá una reflexión de la vida interna de la Iglesia y de su misión en el mundo, las cuales, una vez más, aunque son realidades que pueden diferenciarse, jamás podrán ser separadas.

El estado común del pueblo de Dios

En *LG* el término "pueblo de Dios" se usa de forma especial para referirse a todas las realidades que se aplican de igual manera a cada miembro de la Iglesia, sea laico, clérigo, o religioso profeso. Este término, el cual es una de las diversas imágenes de la Iglesia, parece que se usa en los demás documentos conciliares de manera similar, es decir, cuando un documento desea referirse a lo que pertenece a todos los miembros de la Iglesia, sin distinción. También podemos señalar aquí que aunque el término "pueblo de Dios", se usa en estos documentos para referirse a la Iglesia, también es un término que trae a la mente el hecho de que el objetivo último de Dios es conducir a todos los pueblos a la unidad con su propio pueblo.

La primera cualidad que el Pueblo de Dios mantiene en común es la relación de cada uno de sus miembros con Cristo. Por medio de esta relación cada cristiano es llevado a participar en la misión y el ministerio de Cristo. Él buscó cumplir su única misión, reconciliar al mundo con su Dios y Padre, mediante de una variedad de ministerios, tales como la enseñanza, la predicación y la sanación de los enfermos. Una forma tradicional de sintetizar o expresar el ministerio de Jesús es comprender a

Jesús bajo los títulos de "sacerdote", "profeta" y "rey". De igual manera, el pueblo de Dios, que al mismo tiempo es el pueblo de Cristo y el cuerpo de Cristo, es considerado un "pueblo sacerdotal, profético y real". De acuerdo al *CIC*, 783:

> Jesucristo es Aquél a quien el Padre ha ungido con el Espíritu Santo y lo ha constituido "Sacerdote, Profeta y Rey". Todo el pueblo de Dios participa de estas tres funciones de Cristo y tiene las responsabilidades de misión y de servicio que se derivan de ellas.

Estas categorías, las cuales tienen su origen en la experiencia de la tradición religiosa de Israel en la cual Jesús fue formado, reflejan diferentes aspectos de la identidad y del ministerio de Jesús. No obstante, todavía podemos tener alguna dificultad para comprender la amplia gama del ministerio cristiano dentro de estas tres categorías. Por ejemplo, ¿bajo qué oficio se ubica la catequesis o el ministerio de la dirección espiritual? ¿Y el ministerio de la pastoral juvenil? En realidad, algunas de las dificultades se derivan de nuestra situación cultural diferente en relación a aquella de los tiempos bíblicos. Por ejemplo, puesto que ya no somos gobernados por reyes, ¿qué significa para nosotros que Jesús sea rey y qué sentido tiene afirmar que somos un pueblo regio? No obstante dichas preguntas, documentos como *LG* y el *CIC* continúan empleando dichas categorías, y es por eso que necesitamos tomar conciencia de la manera en que son usadas.

La segunda cualidad común del pueblo de Dios que aquí debemos considerar es que todos nosotros hemos recibido el don del Espíritu Santo. La función del Espíritu Santo es igual pero distinta de la de Cristo. Mientras que Cristo realizó un ministerio visible sobre la tierra, el Espíritu obra desde dentro de nosotros, de manera invisible, como lo es en realidad. El Espíritu Santo nos da a cada uno un conjunto diferente de cualidades personales, de características y talentos que administramos. Este es un tema que San Pablo reflexionó ampliamente. Veamos cómo plantea el asunto a la Iglesia de Corinto:

*Hay diversidad de carismas, pero el Espíritu es el
mismo. Hay diversidad de servicios, pero el Señor
es el mismo. Hay diversidad de actividades, pero
uno mismo es el Dios que activa todas las cosas en
todos. A cada cual se le concede la manifestación del
Espíritu para el bien de todos. Porque a uno Dios, a
través del Espíritu, le concede hablar con sabiduría,
mientras que a otro, gracias al mismo Espíritu, le da
un profundo conocimiento. Por el mismo Espíritu
Dios concede a uno el don de la fe, a otro el carisma
de curar enfermedades, a otro el poder de realizar
milagros, a otro el hablar de parte de Dios, a otro el
distinguir entre espíritus falsos y verdaderos, a otro
el hablar un lenguaje misterioso y a otro, en fin, el
don de interpretar ese lenguaje. Todo esto lo hace el
mismo y único Espíritu, que reparte a cada uno sus
dones como él quiere.*

(1 Corintios 12:4–11)

Para entender el tema de los dones del Espíritu Santo
tenemos que fijarnos en distintos puntos. Primero, la palabra
con la cual Pablo se refiere a la palabra don es *charisma*, la cual
también traducimos como "carisma". La palabra "carisma" es
el término teológico común para referirse a un don dado por
el Espíritu Santo. Segundo, los carismas son dados no para
el engrandecimiento personal, sino para el servicio (*diakonia*)
a la comunión (*koinonia*) de la Iglesia. Tercero, deberemos
considerar cualquier cualidad, virtud o talento como un carisma
del Espíritu Santo. Ser una persona apta para escuchar, es un
carisma del Espíritu Santo; así como tener un don para la
administración o para consolar al abatido, o para ser un buen
padre de familia, o para resolver conflictos. La palabra no deberá
restringirse solamente a los dones así llamados extraordinarios o
espectaculares del Espíritu Santo. De igual modo, su significado
no deberá aplicarse exclusivamente a cualidades religiosas o
eclesiales. Cuarto, tenemos la responsabilidad permanente de

desarrollar los carismas que nos han sido dados. Y en diferentes momentos de nuestras vidas, dadas nuestras circunstancias cambiantes y nuestras experiencias, tendríamos esperanza de descubrir nuevos carismas. En la mayoría de los casos, también sucede que el descubrimiento e identificación de carismas ocurre no tanto por nuestra propia reflexión, sino a través de la retroalimentación que recibimos de otras personas.

Nuestro llamado común a participar en el ministerio de Cristo y con los carismas recibidos del Espíritu Santo tienen que embonar bien con las diferentes necesidades y tareas que la Iglesia requiere, tanto para realizar su vida de comunión como para realizar su misión en el mundo. Algunas de estas necesidades son tan comunes que cualquier comunidad tendría, por ejemplo, la necesidad de un liderazgo y del ejercicio de la autoridad. Otras necesidades son más específicas de la comunidad cristiana, y tienen que ver con la realización de la misión y el ministerio de Cristo, como sería la predicación de la Palabra de Dios. Estas necesidades son obviamente numerosas y amplias, dada la enorme variedad de quehaceres que la Iglesia vive y realiza. La diversidad de tareas eclesiales está atestiguada en diferentes pasajes del Nuevo Testamento éste está tomado de la carta a los Efesios:

> *A cada uno de nosotros, sin embargo, le ha sido dada la gracia según la medida del don de Cristo. . . . Y fue también él quien constituyó a unos apóstoles, a otros profetas, a otros evangelistas, y a otros pastores y doctores. Capacita así a los creyentes para la tarea del ministerio y para la edificación del cuerpo de Cristo.*
>
> (4:7,11–12, ver también 1 Corintios 12:28;
> Romanos 12:4–8)

Las tareas eclesiales, tales como la enseñanza y el pastoreo, son responsabilidades continuas de la comunidad cristiana. Tales tareas suscitan la necesidad y la existencia de una variedad de oficios eclesiales, es decir, de puestos institucionales relativamente estables mediante los cuales las personas realizan ministerios para servir a la misión de la Iglesia, la cual es la misión del mismo Cristo. En la Iglesia Católica existe una estructura particular de ciertos oficios, la cual tiene una importancia básica para la comprensión de la Iglesia nos referimos a los oficios ordenados del obispo, el sacerdote y el diácono. Tendremos que volver a ocuparnos posteriormente de estos oficios particulares en este capítulo.

La Iglesia evoluciona en el curso de la historia

Nuestro siguiente paso será establecer la correspondencia precisa entre carismas, tareas y oficios en la Iglesia. Para hacerlo, consideraremos la manera en que la Iglesia surgió históricamente y su evolución, desde las épocas más tempranas de las comunidades del Nuevo Testamento hasta la época actual.

¿Cuándo comenzó la Iglesia realmente su existencia? No existe una respuesta sencilla para esta pregunta. De acuerdo a la *LG,* la Iglesia comienza a existir, como quiera que haya sido, gradualmente. "Determinó convocar a los creyentes en Cristo en la santa Iglesia, que fue ya prefigurada desde el origen del mundo" (2), y la comunidad de los israelitas en el Antiguo Testamento en cierto sentido ya, "es llamada alguna vez Iglesia de Dios" (9). Con la venida de Jesús al mundo, la Iglesia aparece en un grado siempre mayor de realización. Jesús en su ministerio público y en la convocación de sus primeros discípulos "dio comienzo a la Iglesia predicando la Buena Nueva, es decir, el Reino de Dios" (5). Y en una imagen preferida por los Padres de la Iglesia: "comienzo y expansión [de la Iglesia] manifestada de nuevo tanto por la sangre y el agua que nace del costado abierto de Cristo crucificado (Juan 19:34). Después de su resurrección, Cristo "derramó en sus discípulos el Espíritu prometido por el Padre"; la Iglesia por tanto "recibe la misión de anunciar el Reino de Cristo y de Dios establecido en medio de todas las gentes, y constituye en la tierra el germen y el principio de este Reino" (5). Finalmente, se perfeccionará gloriosamente al final de los tiempos, entonces como se lee en los Santos Padres, todos los justos descendientes de Adán "desde Abel el justo, hasta el último elegido, se congregarán ante el Padre en la Iglesia Universal". (2)

Al parecer, entonces la Iglesia debe considerarse como una comunidad que evoluciona históricamente y que asume diferentes formas en los diversos momentos de la historia. Pero el destino siempre creciente de la Iglesia, al cual tiende continuamente, es la comunión de todas las personas con el Dios trino. Este objetivo tiene prioridad teológica en nuestra eclesiología y en nuestra comprensión de la Iglesia. El oficio y la estructura existen para servir a la comunión y para promover la santidad de los miembros. La *LG* afirma este punto de vista al colocar los capítulos sobre "El misterio de la Iglesia" y el "Pueblo de Dios" antes de los capítulos que tratan de la distinción entre el Pueblo de Dios de acuerdo a los diferentes oficios y estados de vida. En verdad "cuanto se ha dicho del pueblo de Dios, se dirige por igual a los laicos, religiosos y clérigos". (30)

Aunque en un cierto momento de la historia, la Iglesia comienza a existir como una sociedad visible de discípulos de Jesús con la misión de proclamar el Evangelio en el mundo y de realizar el Reino de Dios. Es en Pentecostés, con la efusión pública del Espíritu Santo sobre los discípulos, que la Iglesia asume esta forma, tomando explícitamente la misión y el ministerio de Cristo. Desde este punto de vista tendremos que plantearnos la cuestión sobre la relación entre el carisma, la tarea y el oficio en la Iglesia.

La correspondencia de carismas, tareas y oficios

Lo primero que sucede en la Iglesia es la existencia simultánea de tareas o ministerios que se deben realizar y personas diferentes, habilitadas por el Espíritu, con los carismas para realizar dichas tareas. Es claro que idealmente, existe una correspondencia cercana entre los carismas y las tareas. Más allá de esta situación inicial, la Iglesia, finalmente, evoluciona hacia una estructura más estable de oficios; no obstante, el surgimiento de carismas continúa también cuando la Iglesia crece, se desarrolla y encuentra nuevas situaciones con sus nuevas tareas correspondientes.

La primera tarea que la Iglesia tuvo que realizar después de Pentecostés fue la proclamación del Evangelio y la fundación de nuevas comunidades cristianas. Quienes realizaron estas actividades fueron conocidos con el nombre de apóstoles. Así el término *apóstol* ("el que es enviado") designaba a una función específica, por medio de la cual ciertas personas realizaban ministerios eclesiales importantes.

¿Quiénes eran los apóstoles? El Nuevo Testamento nos dice cuáles eran los criterios necesarios para ser un apóstol: (1) haber sido testigo de una aparición de Cristo resucitado y, (2) haber recibido del resucitado el encargo de predicar el Evangelio de manera autoritativa. Sobre esta base los apóstoles fundaron Iglesias en ambientes judíos y gentiles. Hay que hacer notar que "los apóstoles" no eran un grupo idéntico a "los Doce". Eran un grupo más amplio que incluía a Pablo, a Santiago, y Bernabé. Los apóstoles incluyendo a los Doce, habían sido escogidos a partir de una comunidad formada con anterioridad, la de los discípulos de Jesús. Es claro, por ejemplo, que cuando surgió la necesidad de remplazar a Judas Iscariote en el grupo de los Doce, se realizó una elección entre aquellos que "nos acompañaron durante todo el tiempo que el Señor Jesús estuvo con nosotros". (Hechos 1:21)

Posteriormente, aunque hay una transmisión de autoridad en la cual los apóstoles fueron finalmente reemplazados por los obispos; estrictamente hablando, la función del apóstol no era transferible. Es decir, solamente aquellos que fueron testigos del Señor resucitado fueron elegibles para ser apóstoles. A partir de este punto de vista, "apóstol" no es un oficio que uno pueda conseguir en la Iglesia. Más bien, es una función única que fue cumplida por un selecto grupo de testigos de la resurrección de Cristo, quienes a su vez recibieron carismas del Espíritu Santo para su ministerio (Hechos 1:8, 2:4, Juan 20:22–23).

Así, desde el mismo comienzo de la Iglesia, como cuerpo público que realizaba la misión y el ministerio de Cristo, existe un proceso en el cual la interacción de tareas eclesiales y de personas con carismas da lugar al surgimiento de funciones específicas dentro de la comunidad de los discípulos. Este es el modelo que encontramos también en las primeras Iglesias del Nuevo Testamento, especialmente en aquellas fundadas por el apóstol Pablo. En ellas vemos una pluralidad de formas de organizar los ministerios y de coordinar las tareas y funciones. Aún así hay que afirmar que en un período de tiempo relativamente breve, empezó a desarrollarse una estructura más estable y consistente de posiciones oficiales, dentro de las diferentes Iglesias. Con el tiempo esta estructura llegó a predominar como una forma primaria de organizar la vida eclesial.

De manera concreta, se desarrolló un conjunto de tres oficios en las Iglesias más antiguas. Primero, está el *episkopos*, o vigilante, de una determinada comunidad, la persona responsable del liderazgo y de la autoridad. Este es el oficio que ahora designamos con el término obispo. En una Iglesia local existe sólo un *episkopos*, autoridad definitiva y cabeza de la comunidad. Segundo, existe el *presbyteros*, el anciano, quien comparte la responsabilidad en la dirección. Era típico que cada comunidad tuviera su consejo de ancianos, esto es, era una estructura ordinaria a su experiencia comunitaria. Finalmente, esta función se convirtió en el oficio que designamos con el nombre de sacerdote. Tercero, hay un *diakonos*, el diácono es quien asiste al obispo y a los ancianos en la realización de su ministerio. Este oficio es lo que hoy designamos con el nombre de diácono.

Tendremos que decir algo más acerca del ejercicio del oficio y ministerio episcopal, sacerdotal y diaconal en la Iglesia. Esta forma fundamental de organización eclesial que continúa actualmente, es considerada por la Iglesia Católica como algo que tuvo que suceder a través de la voluntad de Dios, como un medio divinamente querido, para estructurar la vida eclesial. Al mismo tiempo esta estructura no agota lo que sigue viviéndose en la Iglesia en términos de carisma y ministerio. En realidad, aquellos que ejercen estos oficios, tienen la responsabilidad particular de cultivar los carismas y ministerios en toda la comunidad. El ritual de la ordenación simboliza la importancia de estos oficios y ministerios.

Estos oficios surgen en la Iglesia a causa de la previa presencia y correspondencia de tareas y carismas eclesiales dados por el Espíritu Santo. No existen dos clases separadas de personas en la Iglesia, los ordenados (los clérigos) y los no-ordenados (laicos). Es claro que hacemos la distinción entre estos dos grupos, pero sólo desde la perspectiva anterior a esta unidad fundamental. Así en su reflexión sobre la vocación y misión del laico, el Papa Juan Pablo II remarca que

> el Espíritu del Señor le confiere, como también a los demás, múltiples carismas, le invita a tomar parte en diferentes ministerios y encargos, le recuerda como también necesita a los otros en relación con él, que todo aquello que le distingue no significa *una mayor dignidad, sino una especial y complementaria habilitación al servicio.*
>
> (*CL, 20,* el énfasis es añadido).

Estados de vida en la Iglesia, el laicado, clero y vida consagrada

La presencia y el ejercicio de una variedad de carismas y ministerios, y el desarrollo de una estructura institucional de oficios, da lugar a lo que tradicionalmente se designa como los diferentes "estados de vida" en la Iglesia. Estos son el laicado, el clero (ministros ordenados), y quienes han profesado sus votos en una orden religiosa. Indagaremos brevemente en cada uno de éstos en su momento, concentrándonos en el carácter específico de cada cual. Sin embargo, primero tomaremos nota de la unidad previa y de la coordinación existente entre los diferentes estados. Una vez más volvemos a las notas del Papa Juan Pablo II:

> Obreros de la viña son todos los miembros del pueblo de Dios: los sacerdotes, los religiosos, los fieles laicos, todos a la vez objeto y sujeto de la comunión de la Iglesia y de la participación en su misión de salvación. Todos y cada uno trabajan en la única y común viña del Señor con carismas diversos y complementarios.

> En la Iglesia-comunión, los estados de vida están de tal modo relacionados entre sí que están ordenados el uno al otro. Ciertamente es común —mejor dicho, único— su profundo significado: *el de ser modalidad según la cual se vive la igual dignidad cristiana y la universal vocación a la santidad en la perfección del amor.* Son modalidades a la vez *diversas y complementarias,* de modo que cada una de ellas tiene su original e inconfundible fisonomía, y al mismo tiempo cada una de ellas está en relación con los otros y a su servicio.

> Así el estado de vida laical tiene en la índole secular de su especificidad y realiza un servicio eclesial testificando y volviendo a hacer presente, a su modo, a los sacerdotes y a los religiosos, el significado que tienen las realidades terrenas y temporales en el designio salvífico de Dios. A su vez el sacerdocio ministerial representa la garantía permanente de la presencia sacramental de Cristo redentor en los diversos tiempos y lugares. El estado religioso testifica la índole escatológica de la Iglesia, es decir, su tensión hacia el Reino de Dios, que viene prefigurado y, de algún modo, anticipado y

pregustado por los votos de castidad, pobreza y obediencia.

Todos los estados de vida, ya sea en su totalidad como cada uno de ellos en relación con los otros, están en servicio del crecimiento de la Iglesia, son modalidades distintas que se unifican profundamente en el "misterio de comunión" de la Iglesia y que coordinan dinámicamente en su única misión.

(*Cristi fidelis laici*, 55, el énfasis es añadido)

Lo que más decisivamente impresiona de este pasaje es la participación equitativa en la comunión y en la misión eclesial de todos los diversos miembros de la Iglesia. La existencia de diversos estados de vida no crea diferentes clases de personas o de divisiones de acuerdo al estado. Aunque, existe el reconocimiento, de que nadie es un cristiano o un miembro de la Iglesia en sentido genérico. Concretamente, una persona está sellada con el carácter particular de una determinada forma de vida. Ahora consideraremos brevemente el carácter de cada uno de los estados de vida.

El estado laical, renovando todo orden temporal

Al principio todas las personas en la Iglesia pertenecemos al orden laical. Algunos adquieren una función más especializada en algún momento, pero la mayoría encuentra su vocación siendo parte de los fieles laicos. Desde que emergió en la historia de la Iglesia la distinción entre la vida laical, religiosa y clerical, ha sido una lucha constante tratar de comprender con exactitud cuál es la cualidad distintiva de la vocación laical. Frecuentemente el laico ha sido definido por lo que no es, un no-ordenado, un no-consagrado. Recientemente, sin embargo, se ha ofrecido una explicación más positiva: El laicado tiene un "carácter secular", por el cual está obligado a trabajar a favor de la "animación cristiana del orden temporal". Es necesario ofrecer una explicación clara de estos términos.

La palabra "secular" aquí simplemente significa "pertenencia al mundo, los asuntos del mundo". Si bien, durante algunos momentos en la historia del cristianismo se ha propuesto una división tajante, y hasta una separación, entre lo secular y lo "sagrado", el instinto más profundo de los cristianos lleva a entender el mundo creado como el lugar en el cual Dios está presente y activo. Después de todo, el cristianismo es una religión en la cual Dios se convierte en alguien encarnado, es decir, se hace humano en este mundo. Entonces, el mundo es una realidad religiosa y no deberá considerarse de otra manera.

La frase "orden temporal" se refiere a todos aquellos asuntos que mejoran la actividad humana en el tiempo y en la historia, en este mundo. Esto incluiría la política, la economía, las artes y las ciencias, la vida familiar y otros aspectos de la vida social y cultural. El "orden temporal" puede compararse con el "orden eterno" del mismo modo que lo "secular" se compara con lo "sagrado" a manera de distinción, no de separación. De esta manera, los cristianos están llamados a estar en el mundo pero sin ser del mundo. Así mantenemos una legítima distinción entre lo secular y lo sagrado, entre el orden temporal y el orden eterno. Los cristianos no deberán gastar su tiempo en este mundo como si realmente vivieran en otra parte, pero tampoco deberán dar la impresión que viven en este mundo como si siempre permanecerán en él.

Entonces, los cristianos laicos están llamados a participar en la misión y el ministerio de Cristo especialmente por su vida en los asuntos seculares descritos con anterioridad. Esto no excluye a los laicos cristianos de los ministerios específicamente "eclesiales", sino que los orienta hacia sus carismas específicos. Su misión es infundir los valores del Evangelio en todos los ámbitos de la vida terrenal, lo político, lo económico, lo doméstico, lo artístico, lo científico, lo comercial, lo legal y otros muchos. Sin embargo, esto no significa que estemos obligados a establecer expresamente gobiernos e instituciones cristianas, sino que en nuestra vida personal y profesional llevamos el espíritu del Evangelio a todo lo que realizamos. Profundizaré mucho más acerca de esta forma de misión en la Iglesia en el capítulo seis.

Hay que subrayar que, al considerar el carácter del estado laico como perteneciente a lo secular, no se crea un dualismo entre lo secular y lo sagrado, o entre el laicado y el clero, o entre el mundo y la Iglesia. Toda la creación es obra de gracia, y Dios está igualmente presente tanto en las experiencias ordinarias como en aquellas que son expresamente religiosas. La Iglesia es un signo, un sacramento, que manifiesta y realiza la expresión explícita que está implícitamente presente en toda la creación, la oferta de la comunión que Dios nos ofrece gratuitamente.

¿QUÉ ES EL MINISTERIO LAICAL?

Aunque la vocación primera del fiel laico está en el mundo, los miembros laicos de la Iglesia también participan en muchas actividades que pertenecen más directamente a la vida interna de la Iglesia. Nos referimos a los ministerios eclesiales laicales, como el de la catequesis, liturgia, miembro de un consejo parroquial. En una parroquia ordinaria, las personas laicas están comprometidas en muchos de estos ministerios. Pero aquí nosotros enfrentamos otra vez la pregunta: ¿En que consiste, exactamente, un ministerio laical?

Para abordar esta pregunta, es importante recordar que, durante la mayor parte de la historia de la Iglesia (aunque no en el período más temprano, ni en el más reciente), el término "ministerio" fue referido exclusivamente a la actividad de los ordenados. Así, por ejemplo, la distinción que fundamentalmente se hace es entre el "ministerio sacerdotal" (del ordenado) y el "sacerdocio común" (la participación de todos los bautizados en el oficio sacerdotal de Cristo). Como es afirmado en *LG*:

> El sacerdocio común de los fieles y el sacerdocio ministerial o jerárquico se ordena el uno para el

otro, aunque cada cual participa de forma peculiar del sacerdocio de Cristo, su diferencia es esencial no sólo gradual. (10)

Da la impresión aquí y en algunos otros documentos oficiales de que la actividad sacerdotal, profética y real de los no-ordenados no puede propiamente considerarse como un ministerio. Sin embargo, así es considerado en algunos puntos de *LG* y en otros documentos; posteriormente, desde el Concilio Vaticano II, se ha vuelto más común en la Iglesia referirse, por ejemplo, al ministerio laical de muy diferentes maneras. Es claro que no vamos a dejar de considerar estas actividades del laicado como ministerios.

No obstante, persiste una ambivalencia, al menos en los documentos oficiales, acerca del uso del término "ministerio". Un documento intitulado "Algunas cuestiones acerca de la colaboración de los fieles laicos en el sagrado ministerio de los sacerdotes", publicado por el Vaticano en 1997, fue extremadamente cauto al considerar como ministerio, la actividad de los no ordenados.

Aquello que ha permitido, en algunos casos, la extensión del término *ministerio* a las *munera* [tareas] propias de los fieles laicos es el hecho de que también éstos, en su medida, son participación al único sacerdocio de Cristo. Los *officia* a ellos confiados temporalmente, son más bien, exclusivamente fruto de una delegación de la Iglesia.

En este sentido original, el término *ministerio* (*servitium)* manifiesta solo la obra con la cual los miembros de la Iglesia prolongan, a su interno y para el mundo, la misión y el ministerio de Cristo. Cuando, al contrario, el término es diferenciado en relación y en comparación entre los distintos *munera* e *officia,* entonces es necesario advertir con claridad que sólo en fuerza de la Sagrada ordenación éste obtiene aquella plenitud y correspondencia de significado que la tradición siempre le ha atribuido.

El fiel no ordenado puede asumir la denominación general de "ministro extraordinario", sólo si y cuando es llamado por la autoridad competente a cumplir, únicamente en función de suplencia, los encargos, a los que se refiere el canon 230 § 3 además de los cánones 943 y 1112. Naturalmente puede ser utilizado el término concreto con que canónicamente se determina la función confiada, por ejemplo, catequista, acólito, lector, etc.

(Artículo 1, 2, 3)

¿Cómo debemos entender este pasaje? Su objetivo principal es preservar el carácter distintivo del ministerio ordenado. Sin embargo, al intentar hacerlo, el texto desafortunadamente parece cuestionar que cualquier actividad de los no ordenados pueda considerarse en sentido propio como un ministerio. Lo que debe entenderse es que algunas actividades y oficios (ejemplo, lector, ministro de la Eucaristía, ministro del Bautismo), los cuales *propiamente* sólo pertenecen al ordenado, pueden ser delegados, en caso de necesidad y por tanto sólo temporalmente, al no ordenado, mientras que otras actividades y oficios, los cuales también pertenecen *propiamente* sólo al ordenado (tales como presidir la Eucaristía y servir como pastor en la parroquia) no pueden ser delegados al no ordenado. Sin embargo el no ordenado realiza muchas otras actividades en la Iglesia y en el mundo que no *propiamente* pertenecen al ordenado pero que representan una participación en la misión y el ministerio de Cristo y de la Iglesia. Y muchas de estas actividades las consideramos comúnmente como ministerios. Mientras existan ministerios que los laicos realicen legítimamente en la Iglesia, deberemos resistir la tentación de limitar los ministerios laicales exclusivamente a lo litúrgico y a otras actividades "internas y eclesiales". Existe el peligro de clericalizar la vocación del laicado. El carácter distintivo de la vocación laical está en el mundo. Tenemos todo el derecho de querer ser más precisos en cuanto al significado del término "ministerio" y a no referirnos a cada actividad de la Iglesia como un ministerio. Pero la cuestión terminológica es secundaria. Lo que es fundamental a los cristianos laicos es comprender la llamada a llevar el Evangelio para que fructifique en todos los aspectos de su vida.

EL ESTADO CLERICAL, ORDENADO PARA SERVIR LA UNIDAD ECLESIAL

El estado de vida conocido con el nombre de "clerical" incluye a las personas ordenadas en la Iglesia para los ministerios diaconal, presbiteral y episcopal, es decir, a los diáconos, obispos y presbíteros. Su carácter especial es una ordenación sacramental al servicio de la unidad de la Iglesia. Ellos tienen responsabilidades particulares en la construcción, mantenimiento y en la expresión simbólica de los vínculos de comunión en el cuerpo eclesial.

En los documentos eclesiales normalmente se considera que la participación del ordenado en el triple ministerio de Cristo —sacerdote, profeta y rey— toma forma específica en la enseñanza (profeta), la santificación (sacerdote) y el gobierno (rey) de la Iglesia. El ordenado tiene una autoridad tanto sacramental como jurídica en la Iglesia. Sin embargo, su autoridad, no es la del dominio, sino la del servicio.

Existen tres niveles o grados del ministerio ordenado, como hemos afirmado: diáconos, sacerdotes y obispos. Este triple carácter del sacramento de las Órdenes Sagradas se ha hecho más claro en los años recientes con la restauración del diaconado permanente. Pero en la Iglesia, existe una similar, aunque no idéntica, triple estructura de oficio que es más importante para comprender la organización eclesial, las funciones del sacerdote, el obispo y el Papa. En medio de estos oficios, el del obispo es decisivo; los otros dos, el sacerdote y el Papa, pueden comprenderse sobre la base de lo que significa ser obispo. Por eso ahora nos ocuparemos de examinar brevemente el oficio y el ministerio de los obispos.

El oficio y el ministerio de los obispos

En la Iglesia Católica, los obispos son considerados los sucesores de los apóstoles. Todos los demás oficios toman su sentido del oficio episcopal. El Concilio Vaticano II clarificó que la "plenitud del sacramento del Orden" pertenece al oficio del obispo (*LG*, 21). Los sacerdotes y los diáconos poseen autoridad sacramental y jurídica sólo en la medida que los obispos se las participan. Más aún, el Papa es primero que todo, obispo de Roma y no posee un grado más elevado o más pleno del orden que cualquier otro obispo.

Los ministerios principales del obispo, de acuerdo a *LG*, son la enseñanza, la santificación y el gobierno de la Iglesia local de la cual es supervisor. Por encima de todo, los obispos son "principio y fundamento visible de unidad en su propia Iglesia" (*LG*, 23). Por definición, ser católico en sentido estricto, significa que uno está en comunión con el propio obispo. Todos los que están en comunión con el obispo están en comunión con los demás y esto constituye la Iglesia de un determinado territorio. Así también, la comunión de la Iglesia universal está garantizada por la comunión de todos los obispos católicos. Esta comunión de los obispos entre sí es conocida con el nombre de comunión jerárquica. Los obispos son miembros del colegio episcopal y frecuentemente son designados como la jerarquía. Esto no significa que sean más santos que otros miembros de la Iglesia, o que estén por encima de los demás miembros en cuanto a rango y dignidad, más bien significa que son representantes del pueblo santo de Dios (del término griego *hieros*, "santo").

Históricamente el oficio del obispo estaba íntimamente ligado a la función de presidencia en la liturgia eucarística de la Iglesia local. Por ejemplo, a principios del segundo siglo, Ignacio de Antioquía, obispo y mártir nos decía:

> Nadie realice cosa alguna en la Iglesia sin el *episkopos*. Una eucaristía es válida cuando está bajo la presidencia del obispo o bajo la presidencia de un representante asignado por él.
>
> (*Carta a la Iglesia de Esmirna*, 8)

Cuando las Iglesias crecieron y se propagaron, el obispo no podía presidir cada una de las Eucaristías, y de esa manera los presbíteros fueron autorizados para presidir en su lugar. El ministerio básico del obispo es a la vez sacramental y pastoral; edifica la comunión de la Iglesia con la dirección pastoral y la presidencia litúrgica.

El obispo tiene una función representativa tanto en relación a la Iglesia diocesana local como a la Iglesia universal. El obispo representa a su Iglesia local ante la Iglesia universal, y a la vez, representa a la Iglesia universal ante la Iglesia local. Esta doble función se asegura por su comunión con todos los obispos en el colegio episcopal. Los obispos son los maestros autorizados en materia de fe y moral dentro de su Iglesia local y en la Iglesia universal. Aunque, por encima de todo, tal como el *Decreto sobre el oficio pastoral de los obispos en la Iglesia,* del Concilio Vaticano II lo aclara, los obispos "compórtense en medio de los suyos como los que sirven". (16)

Al igual que con cualquier ministerio en la Iglesia, existen carismas, dones del Espíritu Santo, que habilitan a las personas para ejercer efectivamente el ministerio de obispo. El artículo 4 de *Lumen Gentium* se refiere a "dones jerárquicos y carismáticos" otorgados a la Iglesia por el Espíritu. Uno podría también señalar la lista de cualidades para ser obispo que nos ofrece la Primera Carta a Timoteo (3:1–7). Obviamente los talentos necesarios para un liderazgo de servicio serán particularmente importantes para este ministerio. Aunque debemos señalar que los obispos (y los sacerdotes) ejercen la autoridad en la Iglesia en virtud de la ordenación y no simplemente en base a sus habilidades personales.

Un ministerio fundamental del obispo es orquestar los diversos carismas y ministerios de las personas de su comunidad, orientándolos hacia el servicio y hacia una mayor unidad. Al igual que el director de una sinfonía, el obispo es el punto clave para la coordinación de muchos dones complementarios. Y tal como lo señala la *LG,* el obispo tiene la responsabilidad en el discernimiento de los carismas en la Iglesia:

> El juicio sobre su autenticidad y sobre su aplicación pertenece a los que presiden la Iglesia, a quien compete sobre todo, no apagar el Espíritu, sino

probarlo todo y quedarse con lo bueno (ver 1 Tesalonicenses 5:12, 19–21).

Los sacerdotes, en particular aquellos que son pastores, tienen en sus comunidades una función análoga a la función del obispo en su diócesis. El párroco, como representante autorizado del obispo, es la fuente visible y el vínculo de unidad en la comunidad parroquial. Aquellos que están en comunión con él, están en comunión con los demás, con el obispo y con los católicos en todo el mundo. Los ministerios del párroco son también primariamente el pastoral y el sacramental. Históricamente, el ministerio de este oficio se convirtió en algo más cultual y litúrgico de lo que había sido en los períodos iniciales. Así el término "presbítero", anciano o guía, fue remplazado por el término "sacerdote" (en latín, *sacerdos*), quien ofrece el sacrificio, en este caso, el sacrificio eucarístico. En la actualidad estamos recuperando una perspectiva más equilibrada al rescatar el término "presbítero", el cual subraya la función del ministro en la actividad pastoral que edifica la comunión del pueblo de Dios. Así, una función especialmente importante, que también desempeña el presbítero, es la de coordinar y orquestar los carismas y ministerios del pueblo de Dios en su comunidad.

El obispo de Roma

Conforme la Iglesia se fue desarrollando en los primeros períodos de su historia, gradualmente fue reconociendo la necesidad de implantar algunos medios más concretos para preservar la comunión de las diferentes Iglesias locales. Los obispos intentaron mantener su comunión episcopal, pero se dieron cuenta que para lograrlo necesitaban alguien, que en medio de ellos, sirviera como un punto clave de unidad, uno a quien las partes en disputa o en desacuerdo, pudieran invocar para resolver conflictos acerca de las creencias y las prácticas cristianas. Se reconoció que la Iglesia de Roma tenía una primacía, al menos entre las Iglesias del Imperio Romano de Occidente, debido a que el martirio de los apóstoles Pedro y Pablo había ocurrido en dicha ciudad. Así, la Iglesia en Roma fue vista como "la primera entre iguales", y, por consiguiente, el obispo de Roma alcanzó una posición primordial entre los iguales, en el colegio o comunidad de los obispos. Finalmente, llegó a ser considerado como el supremo pastor de la Iglesia, el Papa.

La posición del Papa, como primero entre iguales, en el colegio episcopal, también proviene, claro está, de la elección de Pedro por Cristo, para que fuera el primero entre iguales en el cuerpo de los apóstoles. La función de Pedro era ser vínculo visible de unidad en medio de los apóstoles, para "fortalecer" en la fe a los hermanos y hermanas (Lucas 22:32). Cristo delegó a Pedro una función especial de liderazgo, la cual, hay que repetirlo, era principalmente una dirección pastoral: "Apacienta mis corderos. . . . cuida de mis ovejas" (Juan 21:15–19). Técnicamente hablando, Pedro no fue el primer obispo de Roma; él nunca fue designado como *episkopos*. No obstante, existe una conexión histórica desde el apóstol Pedro al obispo de Roma.

El Papa es considerado la cabeza del cuerpo de los obispos; aunque él no está por encima del colegio episcopal, sino que es uno de sus miembros. Su ministerio en la Iglesia universal, el ministerio petrino, es paralelo al del obispo en su Iglesia local. Como sucesor de Pedro, él es "principio y fundamento perpetuo y visible de unidad, así de los obispos, como de la multitud de los fieles" (*LG*, 23). Por definición, para ser católico, uno debe estar en comunión con el obispo de Roma.

Entre los títulos antiguos del obispo de Roma está el de *pontifex maximus*, el cual literalmente significa "el constructor más grande de puentes". El Papa, el "supremo pontífice", es finalmente la persona visible a través de la cual todos los cristianos deberán conectarse; él abarca la amplia diversidad de la comunión católica, y la reconcilia en la unidad. "Preside todo el conjunto de la caridad, defiende las legítimas verdades y al mismo tiempo procura que éstas particularidades no sólo no perjudiquen a la unidad, sino que incluso cooperen en ella". (*LG*, 13)

El Papa ejercita este ministerio de la unidad tanto sacramental como pastoralmente con todos los obispos en comunión con él. Los otros obispos no son sus delegados o vicarios; tienen autoridad por su propio derecho. Al mismo tiempo, cuando la historia de la Iglesia lo ha requerido, el ejercicio de este ministerio ha tomado formas diferentes. La primacía del obispo de Roma no es sólo una primacía de honor; es también una primacía de jurisdicción. Esto significa que el Papa no es simplemente un símbolo de unidad entre los cristianos; él la realiza al gobernar la Iglesia universal con directivas concretas. Por ejemplo, en la práctica ordinaria de la Iglesia, el Papa designa obispos para las Iglesias locales en el mundo. El Papa también ejerce autoridad para enseñar, que es exclusiva de su oficio; examinaremos esto más detenidamente en el próximo capítulo.

En síntesis, para recordar otro título antiguo, el Papa es "siervo de los siervos de Dios". Su ministerio, como el de todos los ordenados, es *diakonia* en favor de la *koinonia,* servicio en favor de la comunión.

EL ESTADO CONSAGRADO, SIGNO ESCATOLÓGICO DEL REINO DE DIOS

Para completar nuestra explicación de los estados de vida en la Iglesia, debemos considerar brevemente aquellos miembros de la Iglesia que viven como miembros profesos en las órdenes religiosas. Tales personas en algunas ocasiones son designadas simplemente como "religiosos"; más precisamente, a causa de la profesión de un conjunto de votos públicos, son considerados como seres "consagrados".

El carácter especial de la vida consagrada es dar un testimonio particularmente intenso de las exigencias radicales que el Evangelio nos requiere a todos. Aun cuando cada orden religiosa tiende a tener los carismas que particularmente distinguen su estado de vida (ejemplo, los benedictinos la hospitalidad, los dominicos la predicación), el estado de la vida religiosa en general simboliza la dependencia absoluta de Dios y una cierta cualidad de separación del orden temporal. La vida de los religiosos comprometidos con los votos se comprende que apunta o se refiere al *eschaton,* la realización plena y completa del Reino de Dios (de ahí el término "escatológico"). Por su testimonio, los religiosos nos recuerdan a todos en la Iglesia que nuestra vida y actividad presente está orientada a la vida futura que Dios nos otorgará. Así, no debemos asumir los asuntos de este mundo, por importantes que éstos sean, como absolutos; sólo Dios es absoluto.

Cada forma de vida en la Iglesia realiza una contribución única e insustituible al conjunto de la vida de la Iglesia, sin la cual, al todo le faltaría alguna dimensión indispensable. El carácter distintivo de cada vocación, en realidad, de toda persona en la Iglesia, se pone de manifiesto, cuando todos somos conducidos a la armonía y comunión con los demás.

Resumen

En este capítulo hemos intentado describir la estructura y la organización de la Iglesia en sus diferentes aspectos. La tesis principal es que la estructura de la Iglesia, sus oficios y sus diferentes formas de vida, surgen de la comunión de todos los miembros con el Dios trino y con los hermanos y están ordenados a ella. Las funciones, oficios y ministerios específicos, los modos de vida en la Iglesia, surgen de los dones del único Espíritu y de la misión y el ministerio del único Señor.

Es obvio que no hemos abordado muchos aspectos importantes en relación a la estructura y a la organización de la Iglesia. Esto no significa que estos temas no sean significativos, excepto que las limitaciones de espacio nos han impedido su presentación. Nuestro interés se ha concentrado en las principales formas de organización de la vida eclesial.

Para reflexionar

1. ¿De qué manera tu comunidad de fe alimenta, exige y desarrolla los carismas de sus miembros? ¿Cuáles dones te ha dado el Espíritu Santo para el servicio?

2. En tu experiencia de la Iglesia, hacer diferencias entre los miembros, ¿conduce a una mayor unidad o más frecuentemente, éstas han sido ocasión de división?

3. ¿Qué idea tienes del liderazgo de servicio en la Iglesia? ¿De qué manera podrías ejercer mejor ese tipo de servicio en tu comunidad de fe?

CAPÍTULO 4

La Iglesia constituida por la Palabra y el sacramento

En los capítulos anteriores nos referimos a los medios principales con los cuales la Iglesia ha sido habilitada para construir la comunión eclesial. Estos medios son la proclamación del Evangelio, la celebración de los sacramentos, y el ejercicio de la dirección pastoral. Estos ministerios corresponden al triple oficio de Cristo como profeta, sacerdote y rey, del cual participan todos los cristianos. Hemos tratado el tema de la dirección pastoral cuando se habló de los carismas y oficios en la Iglesia. En el presente capítulo reflexionaremos sobre otros medios importantes para construir la comunión eclesial: la proclamación del Evangelio y la celebración de los sacramentos. La Iglesia está "constituida" mediante la Palabra y el sacramento.

Los términos *palabra* y *sacramento* se utilizan en este capítulo en el más amplio sentido de su significado. Primero, Jesucristo es a la vez Palabra y sacramento de Dios, proclamando y manifestando a Dios Padre y su amor por nosotros. Deberemos usar los términos "Palabra de Dios" y "Evangelio" para referirnos no sólo a la Biblia o a ciertos libros del Nuevo Testamento, sino al pleno y total mensaje del cristianismo. Este es el sentido que encontramos en *Dei verbum*, la cual trata de la revelación y de su transmisión en la Iglesia mediante, "la Sagrada Tradición, pues, y la Sagrada Escritura constituyen un solo depósito sagrado de la Palabra de Dios". (10)

De manera semejante, haremos referencia al sacramento no en referencia a los siete rituales específicos que en la Iglesia comúnmente llamamos sacramentos, sino en el sentido más amplio en que habla el primer parágrafo de *LG*, la cual afirma que la "Iglesia es en Cristo como un sacramento o señal e instrumento de la íntima unión con Dios y de la unidad de todo el género humano . . .".

Juntos, palabra y sacramento realizan una sola "economía" de la revelación cristiana, es decir, un único sistema de gestos y signos que expresan el designio de Dios para el mundo. Los primeros pensadores cristianos usaron la palabra "economía", la cual literalmente significa "administración de una casa", para referirse a la totalidad del plan que Dios estableció para su familia. Mantendremos un fuerte sentido de la unidad de palabra y sacramento; en realidad, la *DV*, al hablar específicamente de la Escritura y la Eucaristía, se refiere a "la mesa de la Palabra de Dios y del cuerpo de Cristo". (21)

Comenzamos por examinar la relación entre la Palabra de Dios y la Iglesia. Bajo este encabezado, consideraremos cómo toda la Iglesia crece y profundiza en su comprensión de la Palabra de Dios y cómo los diferentes miembros de la Iglesia desempeñan diferentes funciones para desentrañar el sentido de la revelación. En seguida, dirigiremos nuestra atención a la Iglesia como sacramento. Después consideraremos en qué sentido la Iglesia puede considerarse un sacramento, prestaremos atención a los sacramentos en particular, que constituyen la vida litúrgica de la Iglesia. Nos enfocaremos de manera especial en la Eucaristía, el "sacramento de los sacramentos", puesto que es en la asamblea eucarística y en la liturgia, donde la Iglesia realiza su identidad de forma más plena. En realidad, tendremos que decir con el renombrado teólogo del siglo XX, Henri de Lubac que "la Iglesia hace la Eucaristía y la Eucaristía hace la Iglesia". Así, veremos, como lo indica el *CIC*, que "la Iglesia de Dios existe en las comunidades locales y se realiza como asamblea litúrgica, sobre todo eucarística. La Iglesia vive de la Palabra y del Cuerpo de Cristo y de esta manera viene a ser ella misma Cuerpo de Cristo". (752)

La Palabra de Dios, en la Iglesia, por encima de la Iglesia

La Palabra de Dios es todo el mensaje transmitido en la Escritura y desarrollado e interpretado en la tradición cristiana. El "Evangelio" es otro término que de igual manera se refiere a todo el mensaje cristiano. Si bien desde un punto de vista la Palabra y el Evangelio son proclamados en la Iglesia, desde otra perspectiva más importante, la Palabra de Dios está por encima de la Iglesia, en el sentido que la Iglesia deriva su existencia de una Palabra que es Cristo y de su proclamación del Evangelio. Aunque la Iglesia, mediante oficio de enseñar, propio de los obispos (el *magisterium*), tiene "el oficio de interpretar auténticamente la Palabra de Dios escrita o transmitida ha sido confiado únicamente al Magisterio de la Iglesia", no obstante, "este Magisterio, evidentemente, no está sobre la Palabra de Dios, sino que la sirve". (*DV*, 10)

La Iglesia es la reunión de todos aquellos que escuchan la Palabra de Dios y responden a ella con fe. El Evangelio es el criterio por el cual se mide la vida de la Iglesia y ante el cual la Iglesia es responsable. Es un hecho que regularmente no logramos apreciar la plena visión de la vida cristiana que nos presenta el Evangelio. Así, de acuerdo a *LG*, la Iglesia está "necesitada de purificación constante" y "busca sin cesar la penitencia y la conversión" (*LG*, 8). Teológicamente decimos *ecclesia semper reformanda*, es decir, la Iglesia siempre está en proceso de ser reformada. Y esta continua "re-formación" tiene lugar a la luz del Evangelio. Según Yves Congar, un teólogo notable del siglo veinte, la Iglesia debe examinarse regularmente a sí misma en el espejo del Evangelio. En realidad, los movimientos de renovación en la historia de la Iglesia normalmente han incluido siempre un retorno a nuestros pilares de la fe: la Escritura y la Tradición.

Avanzando hacia la plenitud de la verdad divina

Así pues, la Iglesia tiene la responsabilidad de profundizar continuamente en su comprensión del Evangelio y de vivir de acuerdo a dicha comprensión. Si, como lo veremos en el siguiente capítulo, la vocación propia y esencial de la Iglesia es la evangelización, es decir, el anuncio del Evangelio en el mundo, entonces resulta claro, que un prerrequisito para el cumplimiento de esa misión es una búsqueda continua de una comprensión más plena del mismo. Esta búsqueda es, primero que nada, responsabilidad de todos los miembros de la Iglesia, no solamente de aquellos que ocupan oficios de enseñanza. *DV* nos ofrece un texto decisivo que destaca esta responsabilidad:

> Esta tradición que deriva de los apóstoles, progresa en la Iglesia con la asistencia del Espíritu Santo: puesto que va creciendo en la comprensión de las cosas y de las palabras transmitidas, ya por la contemplación y el estudio de los creyentes, que las meditan en su corazón, y, ya por la percepción íntima que experimenta de las cosas espirituales, ya por el anuncio de aquellos que con la sucesión del episcopado recibieron el carisma cierto de la verdad, es decir, la Iglesia, en el decurso de los siglos, tiende constantemente a la plenitud de la verdad divina, hasta que en ella se cumplan las palabras de Dios. (8)

Este texto es demasiado importante. La "plenitud de la verdad divina" es un ideal hacia el cual la Iglesia "progresa" y avanza. "Plenitud" significa simplemente "totalidad" o "terminación". El pasaje indica que en cualquier época de su historia, la Iglesia tiene una comprensión algo menos que plena y completa del Evangelio, que siempre existe espacio para un mayor "crecimiento en la comprensión". Como lo vimos anteriormente, algunas veces este crecimiento implica corregir las malas interpretaciones del Evangelio. El progreso viene en primer lugar por medio de la meditación, el estudio y la reflexión espiritual de todos los miembros de la Iglesia. El progreso también viene por el oficio de enseñar de los obispos, quienes tienen la responsabilidad especial de juzgar si alguna intuición realmente representa un avance y un progreso en nuestra comprensión del mensaje del Evangelio.

Dei Verbum abrió nuevas perspectivas en la Iglesia al subrayar el desarrollo histórico y la evolución de nuestra comprensión de la Palabra de Dios. Este documento matiza al usar dos sentidos de plenitud o totalidad en lo que concierne al Evangelio. Por un lado, la Palabra de Dios ya está plenamente presente en nuestra historia. Cristo es "la plenitud de la revelación" (2), y él "completa la revelación y la confirma" (4). De manera semejante, el concilio declara en *Unitatis redintegratio (UR)* que la "plenitud total de los medios salvíficos" sólo está presente en la Iglesia Católica. (3)

Por otro lado, nuestra comprensión y vivencia de esta plenitud es todavía incompleta, pues la plenitud del Evangelio se encuentra en el futuro, cuando Dios conducirá toda la historia a su culminación. Como cristianos, vivimos en "los tiempos intermedios", creyendo que Dios se nos ha dado completamente en Jesús y no obstante continuamos asimilando el pleno impacto de este don. De esta manera, nuestra vida refleja la tensión entre el "ya" y el "todavía no" del Evangelio.

El "sentido de la fe" (*Sensus Fidei*)

De acuerdo a *LG*, los miembros de la Iglesia como un todo han recibido un don especial del Espíritu Santo que los ayuda a profundizar su comprensión del Evangelio. Este don corporativo es designado como el *sensus fidei*, el cual se traduce como "apreciación de la fe", que de acuerdo a un traductor es "la sensibilidad instintiva y la distinción que los miembros de la Iglesia poseen en asuntos de fe". El pasaje relevante dice:

> La universalidad de los fieles, que tienen la unción del Espíritu Santo (cf. 1 Juan 2:20, 27), no puede equivocarse al creer, y manifiesta ésta su peculiar propiedad mediante el sobrenatural sentido de la fe de todo el pueblo, cuando *desde los Obispos hasta los últimos fieles seglares* expresan su asentimiento universal en cosas de fe y de costumbres. Con este sentido de la fe, que el Espíritu de verdad mueve y sostiene, el Pueblo de Dios bajo la guía del sagrado magisterio, al que sigue fidelísimamente, recibe no ya la palabra de los hombres, sino, como es en realidad, la verdadera palabra de Dios (cf.1 Tes 2:13),

se adhiere indefectiblemente *a la fe comunicada de una vez para siempre a los santos.*

(12, ver Judas 3).

Esta apreciación o sentido de la fe es antes que nada, una característica de "todo el pueblo", quien, como un todo, "no puede equivocarse en asuntos de fe". ¿Cómo entender esta pretensión, especialmente teniendo en cuenta el hecho, como señala *LG*, que la Iglesia está "necesitada de purificación constante" (8). Lo que aquí se refiere es una propiedad de toda la Iglesia, la cual en ocasiones se designa como "indefectibilidad". Esto significa que la Iglesia como un todo nunca "desertará" (se separará) de la verdad del Evangelio de una manera permanente o irreversible. Tenemos la promesa de Cristo de que nunca perderemos el mensaje integral del Evangelio y que por tanto, nunca dejaremos de ser "reformados" por su verdad.

Como ejemplo del ejercicio del *sensus fidei*, podemos señalar la declaración hecha en 1854 por el Papa Pío IX de que la Inmaculada Concepción de María es un dogma, es decir, una verdad de la fe católica. Una primera razón por la cual podría haberse hecho esa declaración y por la que de hecho se hizo, fue porque desde un período de tiempo bastante extenso ha existido una tradición de devoción, celebración litúrgica y reflexión teológica en relación a la Inmaculada Concepción de María. En otras palabras, y tal como fue reconocido por Pío IX, el cuerpo de la fe ya tenía una "sensibilidad instintiva" acerca de esta verdad, la cual finalmente el Papa ratificó formalmente en su declaración.

Obviamente el *sensus fidei* no significa que cualquier interpretación del Evangelio hecha por un miembro individual o aun por un amplio grupo de miembros de la Iglesia sea necesariamente correcta. Esto sucede sólo cuando se trata del "consenso universal" de todo el pueblo, entonces podremos estar seguros de que no nos estamos apartando del Evangelio. Al mismo tiempo, el *sensus fidei* no es una especie de abstracción o una cualidad puramente genérica; tiene sus raíces y se desarrolla en los miembros individuales de la Iglesia en diferentes grados.

Nos podemos preguntar "¿Cuáles son las formas concretas en las cuales esta 'apreciación de la fe', esta 'sensibilidad instintiva o distinción' se desarrolla en nosotros?".

El *sensus fidei* es un don del Espíritu Santo, claro está, pero ¿podemos decir algo más acerca de la manera en que este don se desarrolla en nosotros? Algunos teólogos han señalado una distinción que puede ayudarnos. Existen, de acuerdo a esa línea de pensamiento, dos maneras distintas en las cuales crecemos en el conocimiento y la comprensión de un tema en particular. Existe una comprensión que viene por medio del estudio explícito y de la observación formal, tal como ocurre normalmente en el ámbito escolar de un salón de clases. Sin embargo, también existe la comprensión que sucede a través de la participación en experiencias concretas y la realización de actividades particulares.

Por ejemplo, existe un tipo de conocimiento implícito en la capacidad de nadar o andar en bicicleta, o en muchas otras actividades o experiencias, el cual no se consigue a través del estudio formal. El teólogo Avery Dulles se refiere a este conocimiento con el nombre de "inhabitación", y no con el de "observación". De manera semejante, Santo Tomás de Aquino comparó el conocimiento respecto a la virtud moral mediante estudio formal (que llamó "ciencia") y el conocimiento sobre las mismas virtudes por "connaturalidad", es decir, algo que se consigue por poseer realmente y vivir esas virtudes como parte del propio carácter y naturaleza.

Lo que estamos sugiriendo es que el *sensus fidei* se desarrolla en nosotros en la medida que participamos y nos comprometemos a vivir el camino de la vida cristiana en la Iglesia. En la medida que nos entregamos a la vida de oración, a la participación en la vida sacramental, al trabajo por la justicia y la paz en el mundo, a sostener encuentros y compromisos con nuestros hermanos y hermanas en la fe, en esa medida (y sólo en esa medida) alcanzaremos esa "sensibilidad instintiva" acerca del Evangelio. Nosotros "moramos" en la Iglesia y llegamos a un sentido de la fe que nunca podría conseguirse simplemente por observar la vida de la Iglesia, si esto fuera posible, desde el exterior. En realidad, existe también un espacio valioso para el estudio teológico formal; pero, lo que estamos tratando de advertir es que la manera de ver del *sensus fidei* se desarrolla en todos los miembros de la Iglesia. A través de este don, todos los miembros pueden contribuir al "crecimiento de la comprensión" y al avance de la Iglesia hacia la "plenitud de la verdad divina".

Toda la Iglesia aprende y enseña

Todos los miembros de la Iglesia son responsables de esforzarse en comprender y vivir el Evangelio más plenamente. Toda la comunidad es la Iglesia que aprende, siendo guiada por el Espíritu Santo hacia una comprensión más profunda de la Palabra de Dios. Toda la comunidad es la Iglesia que enseña, dando testimonio de la Palabra de Dios de muchas maneras, incluyendo explícitamente la catequesis y la instrucción.

En algunas teologías anteriores al Concilio Vaticano II, la Iglesia era dividida en la Iglesia que enseña (*ecclesia docens),* compuesta por la jerarquía, y la Iglesia que aprende (*ecclesia discens*) compuesta por todos los demás. Ahora bien, aunque ciertamente existen distinciones en cuanto a los oficios y funciones en la Iglesia, percibimos más claramente que todos somos aprendices y maestros en la Iglesia, cada quien desde su propia condición.

Los obispos tienen la responsabilidad de ser los principales maestros de la fe en sus Iglesias locales y en la Iglesia universal. A través de la ordenación sacramental, se han convertido en maestros autorizados del Evangelio. Este oficio que ejerce el obispo, en unión con el obispo de Roma, el Papa, como cabeza del colegio episcopal, lo designamos con el nombre de magisterio. El Papa y los demás obispos desempeñan este ministerio de enseñanza autoritativa a través de varios medios específicos, tales como la predicación, la homilía, la promulgación de cartas pastorales y otros documentos sobre temas particulares, ofreciendo discursos y exposiciones, y en general, por del testimonio total de su vida y su ministerio.

En particular, los obispos tienen a su cargo la responsabilidad de emitir juicios autoritativos y definitivos cuando existe un desacuerdo o un conflicto de interpretaciones acerca del significado del Evangelio. En la comunidad de fe, los obispos tienen la última palabra en los casos en los cuales debe tomarse una decisión. De esta manera, contribuyen al mantenimiento de la unidad de la Iglesia. Esto no significa que en todo caso el obispo tenga la comprensión más profunda en un determinado asunto o cuestión, sino que su juicio es reconocido como autoritativo para toda la comunidad. En realidad, esperamos que los obispos en general estén en posibilidades de tener una perspectiva más amplia y, por tanto, el juicio más bien formado en asuntos pertenecientes a la vida de la Iglesia. Aún así, los obispos deben confiar también en los buenos consejos y advertencias, especialmente en cuestiones que requieren conocimientos altamente especializados.

El Obispo de Roma, como cabeza del cuerpo de los obispos, ejerce el más alto grado de enseñanza autorizada en la Iglesia. El Papa y con él, los obispos, ofrecen instrucción y enseñanza para guiar y dirigir a toda la Iglesia. Es importante señalar que existen varios grados o niveles, bajo los cuales puede invocarse esta enseñanza autoritativa; de igual manera, existen diferentes tipos de respuestas que pueden solicitarse a una parte del cuerpo entero de creyentes. El grado en el cual se ejerce la autoridad depende principalmente de la importancia de la enseñanza particular en cuestión, es decir, de la forma en que afecte estrechamente a los fundamentos de la fe cristiana.

En ciertas ocasiones, relativamente raras, el Papa o el concilio ecuménico de obispos puede invocar su pleno grado de enseñanza autoritativa y proponer una enseñanza infaliblemente, es decir, con la seguridad del Espíritu Santo de que una enseñanza particular es ciertamente una verdad del Evangelio. En el siglo veinte, en 1950, en una sola ocasión una enseñanza particular fue definida como infalible: la declaración de la Asunción de María a los cielos como una verdad definitiva de la fe católica. Por lo demás, de acuerdo a *LG,* las enseñanzas también pueden considerarse como infalibles si puede mostrarse que la entera comunión de los obispos, "convienen en un mismo parecer y exponen como definitiva una doctrina" (25). La mayoría de las verdades esenciales al Evangelio, como lo es la resurrección de Cristo, nunca han sido formalmente declaradas como infalibles, principalmente porque nunca ha parecido necesario hacerlo. Las enseñanzas que son propuestas o consideradas como infalibles, exigen el más alto grado de asentimiento de parte del cuerpo de los fieles; el desacuerdo en estas materias equivale a romper la comunión de fe.

La mayoría de las enseñanzas autoritativas del magisterio son de carácter no infalible y no definitivo. La respuesta exigida en estos casos es "la religiosa sumisión de la voluntad y del entendimiento" (*obsequiem religiosum; LG*, 25). La palabra latina *obsequiem* contiene una gama de significados; en primer lugar, indica una cuestión de respeto, el deseo de esforzarse por comprender la enseñanza en cuestión. Sin embargo, pueden existir casos, cuando por razones bien fundadas un miembro de la Iglesia no pueda dar su asentimiento a una enseñanza no definitiva del magisterio. Una persona en esta situación debe continuar esforzándose por comprender la verdad en cuestión y permitiendo que su comprensión del asunto, sea corregida, si es necesario, por el resto de la comunidad. Debe mantenerse en la Iglesia el respeto por el oficio de enseñar.

Por otro lado, si la verdad realmente se encuentra en dicha persona, tiene la responsabilidad de ofrecer lealmente esa verdad a toda la comunidad para su comprensión o crecimiento. En el capítulo cinco, por ejemplo, nos referiremos al caso del teólogo estadounidense John Courtney Murray, quien fue silenciado por sus superiores en el año de 1950 por sus escritos sobre la libertad religiosa. Murray fue reivindicado en el Concilio Vaticano II cuando su visión fue incorporada en el documento conciliar sobre la Libertad religiosa, *Dignitatis humanae*. La búsqueda leal y profética de la verdad por parte de Murray fue definitiva en la formulación de dicho documento y ayudó a la Iglesia entera a "crecer en el entendimiento" del Evangelio.

La Iglesia como un todo vive para el Evangelio y avanza hacia la plenitud de la verdad divina. Solamente en la interacción de todos los carismas y oficios en la Iglesia, el cuerpo entero logra progresar hacia la verdad. Y es en la verdad que todos celebramos la comunión a la cual Dios nos está llamando.

Los sacramentos, significan y santifican

Ahora dirigimos nuestra atención al tema de la Iglesia y el sacramento. Al hacer esto no nos estamos apartando de la Palabra de Dios, más bien, permanecemos en la única mesa en la cual existe la relación más íntima entre palabra y sacramento. En la Misa, la Liturgia de la Palabra, y la Liturgia de la Eucaristía (estructurada por el rito de acogida y despedida) no son dos liturgias separadas, sino un único ritual celebrativo. El contexto privilegiado para escuchar la Palabra de Dios es la asamblea litúrgica.

Cuando reflexionamos acerca del sacramento, es probable que vengan a la mente, primero que nada, los siete sacramentos celebrados en la Iglesia: Bautismo, Confirmación, Eucaristía, Reconciliación, Unción de los enfermos, Matrimonio y Orden sacerdotal. Cada uno de estos ritos es una acción realizada en y por la Iglesia. Existen definiciones de los sacramentos con las cuales estamos familiarizados, como aquella de "signos externos de la gracia invisible" y la de "signos que realizan lo que significan".

Nuestra palabra "sacramento" proviene del latín *sacramentum,* el cual a su vez traduce la palabra griega *mysterion,* que significa "misterio", algo que está oculto pero que está comenzando a revelarse. Así la *DV,* citando la carta a los Efesios (1:9–10), habla de Dios que hace conocido "el misterio de su voluntad (*sacramentum)*" (*DV,* 2). Esta palabra se usó en el Nuevo Testamento y en la Iglesia primitiva no tanto para designar rituales específicos, sino para referirse a la voluntad de Dios respecto de su creación. ¿Y cuál es la voluntad de Dios? De acuerdo a la carta a los Efesios, es "llevar su proyecto salvífico a su plenitud al constituir a Cristo en cabeza de todas las cosas, las del cielo y las de la tierra". (1:10)

La voluntad de Dios o *mysterion,* incluye a la vez el objetivo de la comunión y los medios por los cuales esta comunión será realizada. La carta a los Efesios habla de estos medios al referirse a un "plan" (*oikonomia,* "economía", el cual significa, como hemos visto, la manera como Dios maneja su familia). ¿Cuál es este plan y esta economía? Para los primeros autores cristianos, era claro que Cristo, en quien lo divino y lo humano están unidos, es a la vez el objetivo y el único medio de comunión. De esta manera, para Dios dar a conocer el misterio de su voluntad es primero que nada dar a conocer a Cristo.

Gradualmente, el término *sacramentum* comenzó a referirse a las acciones específicas por las cuales Cristo "es dado a conocer" en la Iglesia. Finalmente hubo un consenso en relación a los siete ritos que la Iglesia considera como sacramentos. Los sacramentos son signos por los cuales el *mysterion* invisible se hace, al menos parcialmente, manifiesto. Pero los sacramentos son signos que realmente producen lo que manifiestan. En otras palabras, los sacramentos no solamente nos informan cuál es la voluntad de Dios a fin de que todas las cosas estén unidas en Cristo; los sacramentos realmente actúan para crear o producir esa comunión. Por esto se dice que los sacramentos significan y realizan, y que se realizan por lo que significan.

La Iglesia, sacramento universal de salvación

A lo largo del proceso en el cual los siete ritos de la Iglesia llegaron a considerarse como sacramentos, quedó oscurecida la visión original y más amplia de los sacramentos. Los documentos del Concilio Vaticano II, reflexionando en varias décadas de desarrollo teológico, nos piden que pensemos otra vez en términos más amplios sobre los sacramentos. Desde esta perspectiva existe un sacramento primario en el mundo: Jesucristo. Si consideramos lo que es realmente un sacramento —un signo visible por el cual la generosa oferta de comunión de Dios, se hace manifiesta y por tanto, efectivamente presente— es claro que esto es verdad primeramente de Cristo. Más específicamente, su humanidad es el signo visible, tangible, por medio del cual Dios se revela al mundo. Todos los otros significados de los sacramentos derivan de éste.

El cuerpo humano de Cristo ya no está visiblemente presente en la tierra; es la Iglesia, el cuerpo de Cristo, la que está visible como un signo. Como Jesús es sacramento de Dios Padre, así la Iglesia es el sacramento de Cristo. Así nos dice *LG* que "la Iglesia es en Cristo como un sacramento o señal e instrumento de la íntima unión con Dios y de la unión de todo el género humano" (1); y otra vez, nos dice, Cristo "envió a su Espíritu vivificador sobre sus discípulos y por él constituyó a su cuerpo que es la Iglesia, como sacramento universal de salvación". (48)

La salvación, de la cual la Iglesia es a la vez signo e instrumento, es comunión con Dios y unidad de la familia humana entera. La Iglesia es un instrumento efectivo de comunión en el mundo, precisamente en la medida que es un signo auténtico de esa comunión en su propia vida. Por esta razón las divisiones internas del cristianismo son tan dañosas para la misión de la Iglesia en el mundo. ¿Cómo podemos invitar al mundo a nuestra comunión cuando nosotros mismos no estamos en comunión? Aquí estamos hablando especialmente de la falta de comunión plena entre los católicos, ortodoxos y protestantes cristianos, pero también de la discordia y de la falta de caridad que algunas veces existe entre los miembros de la Iglesia Católica. Una vez más, la unidad no significa uniformidad, sino más bien, la armonía de la diversidad reconciliada.

Vemos una vez más la cercana interacción entre comunión y misión en la comprensión de la Iglesia. Ser un pueblo sacramental significa que en nuestras vidas trabajaremos para producir una mayor unidad y comunión, una mayor participación de bienes, en la Iglesia y en el mundo. La celebración de los sacramentos debe desbordarse en todas las dimensiones de nuestra vida, minando nuestra experiencia familiar, laboral, y en general, en el mundo entero. De esta manera, nosotros mismos seremos signos e instrumentos del plan de comunión de Dios para el mundo.

Así pues, la Iglesia está llamada a ser sacramento universal de salvación, es decir, signo, medio y fruto de comunión en medio de todos los pueblos y culturas del mundo con Dios y con los demás. Sólo de esta manera la Iglesia es verdaderamente católica, lo cual significa "de acuerdo a la totalidad", o "universal". Profundizaré aun más sobre la catolicidad de la Iglesia en el capítulo siete.

Los sacramentos, por la Iglesia, para la Iglesia

La Iglesia, más precisamente, la asamblea local de creyentes, a la vez expresa ("significa") y por tanto se realiza ("efectúa") a sí misma en su vida litúrgica y sacramental. Así es como el *CIC* describe este doble proceso:

> Los sacramentos son "de la Iglesia" en el doble sentido de que existen "por ella" y "para ella". Existen "por la Iglesia" porque ella es el sacramento de la acción de Cristo que actúa en ella gracias a la misión del Espíritu Santo. Y existen "para la Iglesia", porque ellos son "sacramentos que constituyen la Iglesia", manifiestan y comunican a los hombres, sobre todo en la Eucaristía, el ministerio del la Comunión del Dios amor, uno en tres personas. (1118)

Destacamos que la comunidad cristiana entera es la celebrante primaria de todas las acciones litúrgicas: dentro de esta unidad, miembros específicos tienen funciones particulares; habida cuenta de lo anterior, conviene destacar que la acción de toda la asamblea ocupa un lugar prioritario. Una vez más el *CIC* afirma, "Es toda la comunidad, el Cuerpo de Cristo unido a su cabeza quien celebra" (1140). La *Constitución sobre la Sagrada Liturgia (Sacrosanctum concilium, SC)* del Concilio Vaticano II nos recuerda:

Las acciones litúrgicas no son acciones privadas, sino celebraciones de la Iglesia, que es «sacramento de unidad», es decir, pueblo santo congregado y ordenado bajo la dirección de los Obispos. Por eso pertenecen a todo el Cuerpo de la Iglesia, influyen en él y lo manifiestan; pero cada uno de los miembros de este Cuerpo recibe un influjo diverso, según la diversidad de órdenes, funciones y activa participación. (26)

Eclesiología eucarística

Todos los sacramentos, cada uno a su manera, ayudan a hacer la Iglesia. El Bautismo es un medio fundamental que ayuda a hacer la Iglesia; por medio de este rito las personas explícitamente se unen a la comunidad de fe. De esa manera el Bautismo incorpora a las personas en el Cuerpo de Cristo. Además, la confirmación manifiesta los dones del Espíritu en los miembros de la Iglesia. La Reconciliación y la Unción de los enfermos trabajan para sanar el cuerpo y fortalecerlo de frente al pecado y la fragilidad humana. El Matrimonio y Orden sacerdotal son "sacramentos al servicio de la comunión y misión de los fieles". (*CIC*, 1211*)*

Al mismo tiempo, es la Eucaristía, la que de forma preeminente hace a la Iglesia. Este sacramento, al cual en realidad llamamos "comunión", a la vez simboliza y crea la comunión de Dios Padre, por Cristo, en el Espíritu, con nosotros. Este tema, el cual fue muy importante entre los Padres de la Iglesia, ha sido redescubierto en nuestro tiempo. Así es como san Agustín predicaba de este tema a su comunidad:

Oyes decir "el cuerpo de Cristo", y respondes "amén". Por lo tanto, sé tú verdadero miembro de Cristo para que tu "amén" sea verdadero. ¿Por qué este misterio se cumple con el pan? Nosotros no debemos decir nada por nuestra propia cuenta, sino más habremos de escuchar al Apóstol (Pablo), quien, hablando de este sacramento dice: "todos compartimos ese único pan, todos formamos un solo cuerpo" [1 Corintios 10:17]... En el Bautismo fueron mojados con agua. En seguida el Espíritu Santo vino en ustedes, como el fuego que cuece la pasta. Sean entonces lo que ustedes ven y reciban lo que ustedes son.

(San Agustín, *Sermones*, 272, 234).

A diferencia de otros alimentos que comemos, los cuales se convierten en parte del cuerpo físico, en la Eucaristía somos transformados en lo que comemos. Para san Agustín, es como si Cristo nos dijera: "Ustedes no me transformarán en ustedes, sino que ustedes serán transformados en mí" (San Agustín, *Confesiones*). Recordar que el propósito último de la Eucaristía es transformar a aquellos que están reunidos en la mesa, nos da el contexto adecuado para comprender la transformación del pan y el vino en el Cuerpo y la Sangre de Cristo.

En varios pasajes de los documentos del Concilio Vaticano II se nos recuerda que la Eucaristía ayuda a realizar la Iglesia. Por ejemplo, *LG* nos dice que "en los sacramentos del pan eucarístico se representa y se produce la unidad de los fieles, que constituyen un solo cuerpo en Cristo [ver 1 Corintios 10:17] (3). Y la *SC* nos recuerda la visión del obispo y mártir de comienzos del siglo II, Ignacio de Antioquía:

Por eso conviene que todos tengan en gran aprecio la vida litúrgica de la diócesis en torno al Obispo, sobre todo en la Iglesia catedral; persuadidos de que la principal manifestación de la Iglesia se realiza en la participación plena y activa de todo el pueblo santo de Dios en las mismas celebraciones litúrgicas, particularmente en la misma Eucaristía, en una misma oración, junto al único altar donde preside el Obispo, rodeado por su presbiterio y ministros. (41)

Si Cristo es el sacramento de Dios, y la Iglesia es el sacramento de Cristo, entonces, la Eucaristía es el sacramento de la Iglesia. Pero para que esto realmente sea así, para que la Iglesia sea realmente el Cuerpo de Cristo, la mesa eucarística debe ser el lugar de la plena inclusión. Todos nosotros, con justa razón y no solo por convención, decimos: "Señor, yo no soy digno de que vengas a mí, pero una sola palabra tuya, bastará para sanarme". La Eucaristía no aniquila las diferencias entre las personas, sino que permite que trasciendan y se reconcilien. La mesa eucarística es un lugar de comunión para todos los pueblos: personas de diferentes clases, razas, géneros, ocupaciones, ideologías, orientaciones sexuales, edades y habilidades.

Así como la Eucaristía es el sacramento de la Iglesia, así nuestra vida en el mundo debe entenderse como el sacramento de la Eucaristía, en la cual nuestras vidas manifiestan y realizan la comunión que celebramos en la liturgia de la Eucaristía. La naturaleza de la Eucaristía disminuye si no logramos reconocer sus consecuencias para nuestra vida en el mundo. No podemos compartir el alimento eucarístico sin compartir también nuestro pan cotidiano. Para "ser lo que vemos y recibimos", es decir, para ser "Eucaristía", debemos practicar la hospitalidad eucarística en el mundo, acogiendo a los extranjeros y abrazando a los marginados, así como lo hizo Jesús.

Así la liturgia eucarística, tal como anotamos en la introducción, no se termina en sí misma; más bien, ocurre lo contrario. La asamblea eucarística termina con el envío de aquellos que se han reunido, que irán al mundo a misionar. Tal como lo señala el cardenal alemán Walter Kaspers:

> Acogida y envío son dos polos que no deben separarse o contraponerse uno con otro. Sin la reunión, la partida se convierte internamente en algo vacío y hueco; pero la reunión, sin la partida se convierte en algo estéril y finalmente, poco convincente.
>
> (*Theology and Church*, p. 191)

Finalmente, debemos reconocer que la celebración eucarística sobre la tierra es también un signo y una pregustación del banquete que esperamos en la vida venidera. La Iglesia solamente se convertirá en lo que está llamada a ser, en el cumplimiento pleno de todas las cosas realizado por Dios, al que nosotros designamos con el nombre del cielo. Aun así, nuestras liturgias eucarísticas anticipan el banquete celestial, el cual Jesús comparó con una fiesta de matrimonio, en la cual, la comunión plena será experimentada. Tal como lo señala el teólogo ortodoxo Jean Zizoulas, la Iglesia "es lo que es al convertirse una y otra vez en lo que ella será". Este banquete futuro, y esta Iglesia futura, no obstante, no son puramente futuras; esto está empezando a realizarse cada vez que comemos el cuerpo y bebemos la sangre del Señor hasta que vuelva (1 Corintios 11:26).

NOTAS

1. San Agustín, *De civ. Dei,* 22,17; PL, 41, 779; cf. Santo Tomás de Aquino, *STh* III, 64, 2 *y* 3.

ᴥ☩ᴥ

Resumen

En este capítulo hemos explorado el "futuro inminente" de la Iglesia por la Palabra y el sacramento. La íntima conexión de estos dones en relación a la unidad está subrayada de manera particularmente apta en el *Decreto sobre el ministerio y la vida de los presbíteros (Presbyterorum ordinis, PO)* del Concilio Vaticano II. Por un lado, "el pueblo de Dios se reúne, ante todo por la Palabra de Dios vivo. . . . Se requiere la predicación de la palabra para el ministerio de los sacramentos, puesto que son sacramentos de fe, que procede de la palabra y de ella se nutre" (4). Por otro lado, "todos los ministerios eclesiásticos y las obras del apostolado, están unidas con la Eucaristía y hacia ella se ordenan. . . . Por lo cual, la Eucaristía aparece como la fuente y cima de toda la evangelización". (5)

Vimos cómo los ministerios de la palabra y del sacramento corresponden a los oficios profético y sacerdotal de Cristo y también al ministerio de enseñanza y santificación en la Iglesia. Sin embargo, también descubrimos que la Palabra y el sacramento conducen a la asamblea creyente y cultual más allá del santuario y la envían al mundo, para que todos puedan ser conducidos a la plena comunión con Dios. En los siguientes capítulos nos ocuparemos de la misión de la Iglesia en el mundo, comenzando en el capítulo quinto con un estudio sobre la evangelización.

Para reflexionar

1. ¿De qué manera podrás contribuir al avance y el progreso de la Iglesia hacia "la plenitud de la verdad divina"?

2. ¿Qué idea tienes sobre la relación entre la palabra y el sacramento?

3. ¿De qué manera ayuda tu comunidad de fe a sus miembros a ser sacramentos de la comunión eucarística y de la hospitalidad en el mundo?

Capítulo 5

La misión de la Iglesia, la evangelización de las culturas

En la primera parte de este libro, concentramos nuestra atención en la vida interna de la Iglesia. Nuestro objetivo primario fue describir la comunión eclesial, indicar la estructura visible de esa comunión en su diversidad y complementariedad, y explicar cómo esa comunión se construye por los ministerios de la Palabra y el sacramento. Sin embargo, hemos visto que la reunión siempre conduce al envío; en realidad, que sin el envío a la misión en el mundo, nuestra reunión y comunión en la asamblea eucarística, están ausentes o en situación de peligro. En este capítulo comenzaremos a reflexionar de manera explícita y detallada la naturaleza esencialmente misionera de la Iglesia.

Debe quedar claro que el propósito de la misión es acrecentar y enriquecer la comunión, haciéndola más inclusiva. El objetivo de la misión es la reunión de todas las personas alrededor de la mesa del Señor. Desde este punto de vista, el primer acto misionero de la Iglesia es el ser simplemente un testigo auténtico de comunión en su vida interna. Como el Papa Juan Pablo II señaló en su importante carta *Sobre la validez permanente del mandato misionero de la Iglesia (Redemptoris missio, RM)*,

> Fin último de la misión es hacer partícipes de la comunión que existe entre el Padre y el Hijo. . . . Se es misionero ante todo por lo que se es, en cuanto Iglesia que vive profundamente la verdad en el amor, antes de serlo por lo que se dice o se hace. (23)

Es la Iglesia entera, con todos y cada uno de sus miembros, la que es misionera por su misma naturaleza. Claro, existen algunos miembros en la Iglesia, los cuales reciben un llamado más directamente reconocible como vinculado a la misión, en el sentido tradicional de proclamar el Evangelio en medio de los pueblos no cristianos. Sin embargo, ahora tenemos el desafío de pensar la misión en un sentido amplio, de manera que todos participemos de una manera u otra. El *CIC* lo deja muy en claro:

> Toda la Iglesia es apostólica mientras permanezca, a través de los sucesores de San Pedro y de los

apóstoles, en comunión de fe y de vida con su origen. Toda la Iglesia es apostólica en cuanto que ella es "enviada" al mundo entero; todos los miembros de la Iglesia, aunque de diferentes maneras, tienen parte en ese envío. La vocación cristiana, por su misma naturaleza, es también vocación al apostolado. (863)[1]

Entonces, podemos decir que en cierto sentido la Iglesia no es sólo una comunión de discípulos, sino que también es una comunión de apóstoles, en la cual, cada uno de nosotros como cristianos, somos enviados al mundo en una determinada misión. De hecho, el Concilio Vaticano II en el *Decreto sobre el apostolado de los laicos (Apostolicam actuositatem, AA)* dice: "los cristianos laicos obtienen el derecho y la obligación del apostolado por su unión con Cristo cabeza". (3)

Reconociendo que el objetivo completo de la misión es acrecentar la comunión, y que esto se aplica a todos los quehaceres que los cristianos realizan en el mundo, deseamos ser más precisos sobre lo que significa exactamente la misión de la Iglesia. Por tanto, para empezar, notamos que la única misión de la Iglesia tiene dos componentes distintos e inseparables: primero, el anuncio del Evangelio; segundo, a la luz y como consecuencia de ese anuncio, el desarrollo y el mejoramiento de la sociedad humana sobre la tierra, la cual es llamada en los documentos conciliares, "la formación cristiana del orden temporal".

En el presente capítulo, examinaremos la función primaria de la Iglesia, el anuncio del Evangelio o evangelización. En años recientes, hemos sido invitados a considerar todos los ministerios y actividades cristianas como una forma de evangelización. En el capítulo siguiente, abordaremos el componente secundario de la misión de la Iglesia, es decir, la contribución de la Iglesia al desarrollo personal y social en el mundo. No obstante, debe subrayarse que estos dos componentes no pueden separarse; la evangelización y la promoción humana forman una misión integral de la Iglesia.

La Evangelización, identidad más profunda de la Iglesia

A partir del Concilio Vaticano II uno de los desarrollos más notables en el pensamiento teológico es la preeminencia que se le ha dado al tema de la evangelización. Hace una generación, los católicos podían haberse rehusado a usar ese término, asociándolo con acciones agresivas de proselitismo y con la predicación altamente emotiva de los ministros carismáticos. Sin embargo, desde hace cierto tiempo se ha recuperado el sentido más profundo y original de la palabra "evangelización", la cual proviene de la palabra griega evangelio *(euangelion)*, la cual significa "buena noticia" o "buenas nuevas". Por tanto, la evangelización es cualquier medio por el cual el Evangelio se comunica y se pone en práctica, no sólo por la predicación entusiasta sino toda forma de testimonio y de ministerio en la vida cristiana, incluyendo la catequesis, el cuidado pastoral y la liturgia. En realidad, debemos hablar de evangelización como un proceso complejo y dinámico, en el cual existen muchos elementos o momentos; un proceso, de hecho, que nunca está completamente terminado.

Hemos logrado una comprensión más clara de que la evangelización es la misión esencial de la Iglesia, en realidad, la razón misma por la cual la Iglesia existe. En 1975, el Papa Pablo VI publicó una exhortación apostólica titulada *Sobre la Evangelización en el mundo contemporáneo (Evangelii nuntiandi, EN)*, un documento prominente que presentó una visión de la Iglesia como la comunidad evangelizadora. De esta manera habla dicho documento sobre la Iglesia y la evangelización:

> Nosotros queremos confirmar una vez más que la tarea de la evangelización de todos los hombres constituye la misión esencial de la Iglesia. Una tarea y misión que los cambios amplios y profundos de la sociedad actual hacen cada vez más urgentes. Evangelizar constituye en efecto, la dicha y vocación

propia de la Iglesia, su identidad más profunda. Ella existe para evangelizar.

(14, citando al Sínodo de los Obispos de 1974)

Como hemos indicado en el capítulo anterior, la Iglesia solamente puede evangelizar eficazmente en la medida que continúe buscando profundizar y avanzar en su propia comprensión y vivencia del Evangelio. Otra manera de decirlo, es que la primera tarea de la Iglesia es ser evangelizada. La comunidad de creyentes, colectiva e individualmente, "siempre tiene necesidad de ser evangelizada si quiere conservar su frescor, su impulso y su fuerza para anunciar el Evangelio". La Iglesia "se evangeliza a través de una conversión y una renovación constante para evangelizar el mundo de manera creíble". (*EN*, 15)

En 1992 la Conferencia Nacional de Obispos católicos en los Estados Unidos de América publicó un documento titulado *Vayan y hagan discípulos*, "Plan y Estrategia Nacional para la Evangelización Católica en los Estados Unidos". Siguiendo a la *EN*, *VHD* llama a cada miembro de la Iglesia a asumir, cada uno en su propia manera, la tarea de la evangelización, la cual es algo esencial al ser cristiano. El plan ofrece estas tres metas principales y sugiere estrategias para trabajar a favor de cada una de las mismas.

Meta I: Crear en todos los católicos tal entusiasmo por su fe que, viviendo su fe en Jesús, la compartan libremente con otros.

Meta II: Invitar a todas las personas en los Estados Unidos, sea cual fuere su condición social o cultural, a escuchar el mensaje de salvación en Jesucristo a fin de que se unan a nosotros en la plenitud de la fe católica.

Meta III: Fomentar los valores del Evangelio en nuestra sociedad, promoviendo la dignidad de la persona humana, la importancia de la familia y el bien común de nuestra sociedad, para que nuestra nación continúe siendo transformada por el poder salvífico de Jesucristo

Claramente las metas II y III corresponden a los dos distintos pero inseparables componentes de la misión examinados arriba, anunciar el Evangelio y transformar la sociedad. La meta I es el prerrequisito indispensable para esta misión, ya que como Iglesia somos continuamente renovados, reformados y evangelizados.

Los momentos esenciales de la evangelización

Toda la misión de la Iglesia y sus muchos ministerios deberán considerarse como elementos esenciales en el complejo y rico proceso de la evangelización. El *Directorio General para la Catequesis (DGC)* ciertamente coloca la formación cristiana dentro del objetivo más amplio de la evangelización. La primera parte de este documento está titulado "La Catequesis en la misión evangelizadora de la Iglesia". El "momento catequético" es uno de los momentos diferentes, pero íntimamente conectados que tomados como un todo, realizan la evangelización.

Todo el proceso de la evangelización va encaminado a la conversión, a la continúa transformación de las personas, sociedades y culturas a la luz del Evangelio. El *DGC* en el párrafo 48, nos dice que la evangelización "es urgida por la caridad", que "produce testigos" y que proclama el Evangelio, que "inicia" a los seguidores de Jesús en la vida y la fe cristianas, y que está interesada en alimentar la misión y la comunión de la Iglesia.

Los diferentes y variados momentos que son esenciales al proceso de la evangelización son quizás más claramente ilustrados en el Rito de Iniciación Cristiana de Adultos (RICA). El objetivo pleno del RICA corresponde básicamente al ámbito pleno de la evangelización (*GDC*, 18). Cada uno de los diferentes momentos es intrínsecamente eclesial, es decir, un acto de la Iglesia, aun cuando sea realizado por los miembros individuales de la misma (*EN*, 20–24; *GDC*, 36–76).

Primero, se realiza el acto inicial de la evangelización, el cual sencillamente consiste en el testimonio de la genuina vida cristiana, una vida inspirada en el Evangelio. "Por encima de todo el Evangelio debe ser proclamado por testigos" (21). Esto ocurre cuando la gente puede decir de los cristianos, "vean como se aman"; así se ha creado un espacio y un momento de interés hacia el Evangelio.

En segundo lugar viene la explícita proclamación del evangelio, la presentación inicial del mensaje cristiano en forma expresa. Tal proclamación conduce, idealmente hablando, al primer paso de conversión de parte de sus receptores, una primera asimilación al mensaje de Jesús. Los cambios que tienen lugar en las personas deberán tener también sus efectos sociales, así que no solo el individuo sino también la sociedad empiezan a experimentar la transformación de acuerdo a los valores del Evangelio. Estos primeros dos momentos corresponden al período de la evangelización y precatecumenado del RICA, también conocido como período de búsqueda.

Tercero, se verifica un período inicial de formación, "un aprendizaje de toda la vida cristiana", el cual incluye la instrucción, la cual es, "comprensiva, orgánica y sistemática". Ésta se conoce con el nombre de "catequesis de iniciación" y corresponde al catecumenado del RICA. Esta catequesis "promueve y madura la conversión inicial, educa al convertido en la fe y lo incorpora en la comunidad cristiana" (*DGC,* 61). La catequesis bautismal es "el modelo para toda catequesis", y "deberá inspirar las demás formas de catequesis tanto en sus objetivos como en su dinamismo" *(GDC,* 59; ver también en el Sínodo de los obispos de 1977, el *Mensaje al pueblo de Dios,* 8).

Cuarto, se realiza el momento de la iniciación sacramental en la comunidad de fe, a través del Bautismo, la Confirmación y la Eucaristía, dicho proceso de iniciación se celebra de manera más adecuada en la Vigilia Pascual. "Algunos cuya vida se ha transformado entran en una comunidad que es en sí misma signo de la transformación, signo de la novedad de vida: la Iglesia sacramento visible de salvación" (*EN,* 23).

Quinto, se lleva a cabo una formación continua en la comunidad eclesial. Ésta es designada como "catequesis al servicio de la formación continua en la fe" (*DGC*, 69). Los cristianos, normalmente nutridos en la única mesa del Evangelio y la Eucaristía, maduran en su fe a través de la conversión continua, auxiliados por múltiples formas de catequesis continua, tales como el estudio de la Escritura, la catequesis litúrgica y la instrucción teológica". "La acción del Espíritu Santo opera de tal manera que el don de la "comunión" y la tarea de la "misión" son profundizados y vividos de manera intensa y creciente" (*DGC*, 70). Este momento corresponde al período de la mistagogia, o catequesis post-bautismal, en el RICA.

Finalmente, el evangelizado se convierte en evangelizador:

> He aquí la prueba de la verdad, la piedra de toque de la evangelización: es impensable que un hombre haya acogido la Palabra y se haya integrado al reino sin convertirse en alguien que a su vez, da testimonio y anuncia. (*EN, 24*)

De esta manera el proceso concluye su círculo completo, cuando personas evangelizadas en la comunión de fe, asumen formas de misión específicas con el propósito de introducir a otros a la misma comunión.

La evangelización se convierte así en "un paso complejo con elementos variados", que "pueden parecer contrastantes, incluso exclusivos. En realidad, son complementarios y mutuamente enriquecedores. Hay que ver siempre cada uno de ellos integrado con los otros". (*EN*, 24). A partir de este proceso global es como surgen los discípulos. Y este es el mandato misionero de Cristo: vayan y hagan discípulos.

La nueva evangelización

La Iglesia ha sido evangelizada desde sus mismos principios. Obviamente, la Iglesia nunca habría crecido más allá de su número inicial, si los primeros discípulos no hubieran predicado y testimoniado el Evangelio. Por otra parte, tampoco nosotros habríamos escuchado el mensaje. Al mismo tiempo, existe algo nuevo en el énfasis reciente sobre la evangelización. El Papa Juan Pablo II, apoyándose en la visión del Papa Pablo VI, ha llamado a la Iglesia a la "nueva evangelización, nueva en ardor, en método y en expresión". El concepto de la "nueva evangelización" incluye todas las cosas de las que hemos venido hablando en este capítulo. Ahora deseamos sintetizar los temas principales.

La comprensión tradicional de la actividad misionera indica que ésta se dirige *ad gentes,* es decir, "a los pueblos", a aquellas regiones y partes de la sociedad donde Cristo y el Evangelio todavía no son conocidos, o donde la Iglesia todavía no ha echado raíces. La misión *ad gentes* es "el modelo ejemplar" para toda la actividad misionera de la Iglesia (*DGC,* 59), pero no agota lo que necesitamos hacer. Existe también, como hemos visto, la necesidad de una evangelización continúa de las comunidades ya existentes, a fin que el Evangelio pueda tener una influencia más profunda en la vida de los cristianos practicantes. Tercero, existe también la necesidad de una re-evangelización de las personas y de grupos enteros de personas y regiones que han recibido el Evangelio, pero que han perdido el sentido de la fe y que no se consideran a sí mismos miembros de la Iglesia. La necesidad de dirigirse al fenómeno de la "des-cristianización" es un nuevo aspecto particularmente importante de la "nueva evangelización". (*RM,* 33; *DGC,* 58)

¿Qué otra cosa de nueva tiene la evangelización? El teólogo Avery Dulles lista los siete aspectos esenciales de la evangelización, tal como se entienden en la Iglesia contemporánea:

1. Distinción de tres "situaciones" para la evangelización, tal como fueron descritas arriba.

2. Participación activa de todos los miembros de la Iglesia, y no sólo de unas pocas personas especializadas en la evangelización.

3. Aceptación de la libertad religiosa. Las personas deciden libremente aceptar el Evangelio y unirse a la Iglesia; la evangelización no es asunto de coerción, sino de invitación.

4. El reconocimiento de que los nuevos escuchas del Evangelio ya han realizado cierto tipo de experiencia religiosa en su vida; existen "semillas del Evangelio" ya presentes. Cuando evangelizamos, escuchamos y aprendemos, a la vez que proclamamos y enseñamos.

5. La evangelización de las culturas y de las personas (en seguida pondremos más atención a este tema).

6. La evangelización incluye realizar esfuerzos para hacer más justa a la sociedad (habremos de tratar este tópico con más detalles en nuestro siguiente capítulo).

7. Utilización de nuevas formas de comunicación, disponibles a través de la tecnología. Esto no significa simplemente usar los medios de comunicación para transmitir el mensaje cristiano, sino que incluye integrar este mensaje en la "nueva cultura" creada por las comunicaciones modernas. (Dulles, "Seven Essentials of Evangelization", *Origins* 25: 23 [23 de noviembre de 1995]).

La evangelización de las culturas

Un aspecto principal de la nueva evangelización es el reconocimiento de que las culturas y no sólo los individuos deben ser puestos bajo la influencia del Evangelio. Pablo VI articuló claramente este punto cuando afirmó que

> la ruptura entre el evangelio y la cultura es sin duda alguna el drama de nuestro tiempo, como fue también en otras épocas. De ahí que hay que hacer todos los esfuerzos con vistas a una generosa evangelización de la cultura, o más exactamente de las culturas. Éstas deben ser regeneradas por el encuentro con la buena nueva. Pero este encuentro no se llevará a cabo si la buena nueva no es proclamada. (*EN*, 20)

Aquí el Papa Pablo VI está construyendo a partir de las perspectivas de la *Constitución pastoral sobre la Iglesia en el mundo actual (Gaudium et spes, GS)* del Concilio Vaticano II. Este documento sugiere una relación recíproca entre personas y culturas: las personas crean culturas, pero las culturas forman personas. Así "los hombres y las mujeres... son los autores y promotores de la cultura de su comunidad" (*GS*, 55), al mismo tiempo la persona humana no puede realizarse a "un nivel verdadera y plenamente humano si no es mediante la cultura" (*GS*, 53). Esto indica que la persona adquiere sus valores en gran medida al absorberlos de las diferentes culturas en las cuales vive. Así, si la evangelización incluye la transformación de los valores por los cuales vivimos, debe al mismo tiempo dirigirse a las culturas que tan poderosa y decisivamente nos forman.

El Papa Juan Pablo II abrazó la idea de la evangelización de las culturas y la convirtió en uno de los mayores temas de su pontificado. En 1982 creó el Pontificio Consejo para la Cultura, un cuerpo consultivo constituido para dar "a la Iglesia entera un impulso común en el encuentro incesante del mensaje de salvación del Evangelio con la pluralidad de las culturas". De hecho, el Evangelio y de igual manera, la Iglesia, solamente puede echar raíces y crecer dentro de los ambientes culturales concretos, aun cuando no pueda ser identificado con ninguna cultura. Una fe que no penetra plenamente la gestación de una cultura determinada, es una fe que no ha sido plenamente recibida y vivida.

¿Qué son las culturas?

Antes de continuar hablando de las culturas, debemos preguntarnos ¿Qué es exactamente una cultura? Este es un término que usamos en diferentes sentidos. En primer lugar, probablemente pensamos de manera amplia en las culturas étnicas y nacionales, la francesa, la árabe, por ejemplo, o la hispana y afroamericana. En segundo, dentro de esas amplias entidades, existen varios subniveles y agrupaciones, así por ejemplo en la cultura estadounidense nos referimos al Medio Oeste o al Sur, no solamente en términos geográficos sino como regiones cuyas personas tienen una serie de rasgos que los identifican. Tercero, existen culturas asociadas con diferentes ocupaciones y clases de personas, así escuchamos expresiones como "cultura corporativa" o "cultura de la clase media". Cuarto, existe una noción estética de cultura, refiriéndose más específicamente al mundo de las artes y el entretenimiento. De esa manera, podemos distinguir la cultura "popular" de la "cultura de los intelectuales". Finalmente, el término puede referirse a casi todo el grupo reconocible de creencias, valores, símbolos y prácticas, sin que interese saber la forma en que dicho modelo surgió. Así, por ejemplo, los autores se refieren a "la cultura narcisista" o la "cultura de la televisión". El Papa Juan Pablo II contrasta la "cultura de la vida" y la "cultura de la muerte" (ver la encíclica *Evangelium vitae*). Y existen muchas otras frases en las cuales se usa dicho término ("cultura clerical", "cultura juvenil", etcétera).

¿Todavía podemos definir más precisamente el concepto de cultura? Básicamente, existen otros dos acercamientos que pueden considerarse. De un lado, existe el concepto de cultura que enfatiza los ideales a los cuales aspiramos. Por eso hablamos de personas "ilustradas", éstas representan los logros más altos de una determinada sociedad; en sentido clásico una persona cultivada o ilustrada se opone al ser bárbaro o vulgar. Ésta será llamada la visión *normativa* o *prescriptiva* de cultura. Por otro lado, existe un sentido de la palabra cultura que simplemente describe cómo un determinado grupo de personas es singular en su manera de vivir la vida, sin importar la manera en que puedan vivir. Desde este punto de vista una "cultura" es cualquier grupo de actitudes y valores que puedan ser adquiridos, transmitidos y expresados en conductas, ritos, símbolos, creencias, etc., y que constituyen parte de la identidad de un grupo de gente particular. Esta será llamada una visión *empírica o descriptiva* de cultura.

Ahora bien, ¿cuál es el sentido de cultura al que nos estamos refiriendo cuando hablamos de "evangelización de las culturas"?

Gaudium et Spes parece manejar ambos sentidos del término al discutir la cuestión de la cultura:

> Con la palabra cultura se indica, en sentido general, todo aquello con lo que el hombre afina y desarrolla sus innumerables cualidades espirituales y corporales. De aquí se sigue que la cultura humana presenta necesariamente un aspecto histórico y social y que la palabra cultura asume con frecuencia un sentido sociológico y etnológico. En este sentido se habla de pluralidad de culturas. Estilos de vida común diversos y escala de valor diferentes encuentra su origen en la distinta manera de servirse de las cosas, de trabajar, de expresarse, de practicar la religión, de comportarse, de establecer leyes e instituciones jurídicas, de desarrollar las ciencias, las artes y de cultivar la belleza. (53)

El Evangelio pretende dirigirse a todo tipo de culturas y quiere expresarse en las formas de las más variadas culturas. Así respetamos y trabajamos con la noción descriptiva de la cultura. Al mismo tiempo, el Evangelio no solamente quiere expresarse en las diferentes formas culturales, sino "transformar" todas las culturas, es decir, construir y desarrollar todas las cosas que son buenas para una cultura, a la vez que purificarla de aquellos elementos que no están en línea con los valores evangélicos. Por medio de sus culturas, los hombres y las mujeres se afinan y desarrollan. Así también hay lugar para una noción más prescriptiva de la cultura.

Hemos emprendido este análisis acerca de lo que es una cultura porque actualmente se le da mucha importancia a la evangelización de las culturas. En realidad, el Papa Juan Pablo II amplió nuestra comprensión, hablando también de la necesidad de evangelizar distintos "sectores culturales". Con esta expresión se refiere a las distintas esferas e instituciones sociales que son especialmente cruciales para la formación humana, como sería la educación superior, los medios de comunicación, las ciencias y la tecnología. Todas las culturas son estadios que deberán impregnarse de los valores del Evangelio.

Transformando las culturas de Estados Unidos de América

Dado que este libro ha sido concebido pensando en los lectores que viven dentro de Estados Unidos de América, hablemos de las características culturales de Estados Unidos que deben ser transformadas por el poder del Evangelio. Dicha transformación incluye un movimiento doble, tal como lo establece el *DGC* : "A la luz del evangelio, la Iglesia debe apropiarse de todos los valores positivos de la cultura y de las culturas y rechazar aquellos elementos que impiden desarrollar el verdadero potencial de las personas y los pueblos" (*DGC*, 21; ver *EN*, 20; y *Sobre la catequesis en nuestro tiempo [Catechesi tradendae]*, 53).

Vivimos en una sociedad muy compleja y pluralista, y por tanto, nuestras consideraciones tendrán que ser necesariamente muy genéricas. Dentro de la amplia cultura de los Estados Unidos existen muchas agrupaciones y sub agrupaciones culturales. Cada persona pertenece a un cierto número de culturas, algunas más amplias y extensas, y otras, más angostas y limitadas. Las diferentes culturas a las que pertenecemos están basadas, como hemos visto, a partir del lugar donde vivimos, de nuestro trasfondo étnico, nuestras ocupaciones e intereses, etc. El plan nacional de Evangelización *VHD*, ofrece algunas observaciones generales acerca de lo bueno y malo de la amplia cultura de los Estados Unidos:

> No basta que cada uno de nosotros viva el evangelio personalmente en la Iglesia, es necesario que nuestra fe entre en contacto con los valores de los Estados Unidos, afirmando lo que es bueno, desafiando valerosamente lo que no lo es. Los católicos celebran la religiosidad instintiva de nuestra nación, su aprecio

por la libertad y en particular por la libertad religiosa, su apertura hacia los nuevos inmigrantes, y su idealismo inspirador. Si nuestra sociedad fuera menos abierta, en realidad, no tendríamos libertad para evangelizar en cualquier lugar. Por otro lado, nuestro país puede ser criticado por su materialismo, sexismo, racismo, consumismo, su salvaje carrera individualista, su ética de la autosuficiencia, su ignorancia y desdén hacia los pobres y los débiles, su desinterés por la vida humana, su interminable persecución de novedades vacías y de placeres inmediatos.

Viendo a la par los ideales y los defectos de nuestra nación, nosotros los católicos, necesitamos reconocer de qué manera la fe católica, en razón de todo lo que ha recibido de la cultura americana, tendrá todavía que hacer para dar vida a nuestro país. Al nivel de verdades, tenemos una enseñanza moral sólida basada en la dignidad y el destino de cada persona, creada por Dios. A nivel práctico, tenemos el testimonio de católicos americanos que sirven a los más necesitados, tanto en el plano educativo como social, material y espiritual. (p. 9)

El Papa Juan Pablo II en sus visitas pastorales a los Estados Unidos realizó una crítica aguda y profunda sobre lo que hay de bueno y malo en la cultura americana. Se dirigió a la cultura dominante de nuestro país, lo mismo que a las minorías culturales como los hispanos, los nativos americanos, las comunidades afroamericanas, y a los sectores culturales, así como la comunidad financiera y la de los medios de comunicación. Entre otras cosas reconoció los valores culturales de la libertad, el pluralismo multicultural, y la generosidad del pueblo estadounidense. Al mismo tiempo desafió al país a crear "una cultura de la vida" que respete la dignidad de todas las personas, que mantenga el derecho de las minorías culturales para que logren un desarrollo cultural diverso y para que preserven su herencia, a que eviten el secularismo y el consumismo que nos amenaza como consecuencia de nuestra prosperidad. Es legítimo que cada Iglesia local en Estados Unidos, cada una en su medio ambiente cultural concreto, pero en comunión con los demás y con la Iglesia universal, continúe su misión evangelizando las culturas.

La inculturación del Evangelio y la Iglesia

Probablemente hemos dado la impresión de que la interacción del Evangelio y la Iglesia con las culturas es camino de un solo sentido, como si solamente importara lograr que el Evangelio afectara las culturas, pero permaneciendo en gran medida intocado por ese proceso. Sin embargo, la evangelización de las culturas incluye siempre y al mismo tiempo, la *inculturación* del Evangelio y la Iglesia. Ahora dirijamos nuestra atención hacia algunos principios importantes de la inculturación.

Otra vez la *GS* es nuestro recurso principal. Iniciamos con dos principios igualmente importantes, que deben afirmarse a la vez. Primero, no existe una cultura que sea normativa o que tenga una superioridad innata sobre las otras en cuanto a posibilidades de encarnar la Palabra de Dios. Todas las culturas ofrecen distintas y a la vez, limitadas posibilidades para la expresión concreta del Evangelio y para el progreso y el avance de nuestra comprensión del Evangelio hacia la plenitud de la verdad. Puesto que la contribución de cada cultura solamente puede ser parcial, es imperativo, a fin de que la Iglesia se convierta realmente en católica, que todas las culturas sean evangelizadas, para que cada una pueda hacer su contribución específica. De acuerdo a la *GS:*

> La Iglesia enviada a todos los pueblos sin distinción de épocas y religiones, no está ligada de manera exclusiva e indisoluble a raza o nación alguna, a algún sistema en particular de vida, a costumbre alguna antigua o reciente. Fiel a su propia tradición

y consciente a su vez de la universalidad de su misión, puede entrar en comunión con las diversas formas de cultura, comunión que enriquece al mismo tiempo a la propia Iglesia y a las diferentes culturas. (58).

El segundo principio es que el Evangelio y la Iglesia pueden existir solamente encarnados dentro de las culturas particulares. Así como el Hijo de Dios, con el fin de compartir nuestra humanidad, tuvo que asumir la carne en un cuerpo humano concreto en un determinado tiempo y lugar (y cultura) dentro de la historia humana, así la Palabra de Dios está presente sólo en encarnaciones específicas, aunque no idénticas entre sí. Otra vez *GS* afirma:

> Múltiples son los vínculos que existen entre el mensaje de salvación y la cultura humana. Dios en efecto, al revelarse a su pueblo hasta la plena manifestación de sí mismo en el Hijo encarnado, habló según los tipos de cultura propios de cada época. De igual manera la Iglesia, al vivir durante el transcurso de la historia en variedad de circunstancias, ha empleado los hallazgos de las diversas culturas para difundir y explicar el mensaje de Cristo en su predicación a todas las gentes, para investigarlo y comprenderlo con mayor profundidad, para expresarlo mejor en la celebración litúrgica y en la vida de la multiforme comunidad de los fieles. (58)

Las diversas contribuciones de las diferentes culturas del mundo a la expresión y realización del Evangelio, representan otro tipo de participación mutua en los dones, la cual es una marca distintiva de la comunión. Así como las personas, las diferentes culturas necesitan de los dones de los demás para completar lo que les falta y corregir sus deficiencias y defectos. Para dar un ejemplo, la enseñanza del Concilio Vaticano II, de que cada persona tiene el derecho inviolable de escoger una fe religiosa basada en su propia conciencia, representa una contribución especial de la Iglesia estadounidense a la Iglesia universal. Fue un teólogo John Courtney Murray, quien reflexionando sobre la experiencia y la historia únicas de los Estados Unidos, con su garantía constitucional de la libertad religiosa (la cláusula sobre el "libre ejercicio" de la Primera enmienda") y la ausencia de una religión oficial de Estado (la cláusula del "no establecimiento"), la cual fue un instrumento para hacer avanzar la doctrina católica sobre la libertad religiosa (ver la *Declaración sobre la libertad religiosa* del Concilio Vaticano II). Esta contribución se hizo posible por las experiencias particulares de nuestra cultura, las cuales incluían el pluralismo religioso y la tolerancia, y la ausencia de una larga historia de compromisos entre la Iglesia y el Estado.

Las Iglesias locales de las diferentes culturas del mundo están llamadas a ser los primeros agentes de evangelización e inculturación. Por medio de las Iglesias, las culturas son enriquecidas y renovadas por el Evangelio, y la Iglesia se enriquece en su comunión y diversidad. "por su parte, con la inculturación, la Iglesia se hace signo más comprensible de lo que es e instrumento más apto para la misión". (*RM*, 52)

NOTAS

[1] CIC 863: AA 2 (*Apostolicam actuositatem,* Decreto sobre el apostolado de los laicos).

RESUMEN

En este capítulo hemos explorado la misión primordial de la Iglesia. Hemos visto cómo la Iglesia Católica ha abrazado el concepto de la evangelización y ha desarrollado una visión de su propia vida basada en este tema. También hemos puesto de manifiesto la importante relación existente entre evangelización y culturas, y hemos indicado la necesidad de una inculturación, a fin de lograr que la riqueza del mensaje del Evangelio se manifieste en toda su plenitud. En el siguiente capítulo observaremos una segunda dimensión esencial de la misión de la Iglesia, es decir, su contribución al progreso humano y al desarrollo social en el mundo.

Para reflexionar

1. ¿De qué manera el ser cristiano te exige ser apostólico y te compromete en la evangelización? ¿Crees que tu comunidad de fe es suficientemente misionera?

2. ¿Cuáles son las culturas que influyeron en ti y en tu vida personal? ¿Dentro de cuáles culturas realizas tu ministerio?

3. ¿Cuáles son las características positivas de esas culturas, y cuáles son las áreas que necesitan ser interpeladas por el Evangelio?

Capítulo 6

La misión de la Iglesia, la transformación del mundo

La única misión de la Iglesia es evangelizar, proclamar el Evangelio en el mundo. Pero esta única misión tiene dos tareas distintas, aunque inseparables. La primera y más importante es anunciar la oferta de salvación de Dios en la palabra y el sacramento e invitar al pueblo a relacionarse con Cristo en el Espíritu, como hijos e hijas de Dios Padre y hermanos y hermanas, unos de otros. Segunda, y como consecuencia de ese anuncio, la Iglesia tiene la misión de infundir en la sociedad secular (el "mundo" o "el orden temporal") los valores del Evangelio. En una imagen usada con frecuencia, el Evangelio tiene que ser la levadura de la sociedad humana y del mundo, tendrá que penetrar todas las facetas y aspectos de la vida sobre la tierra con el sabor y los valores del reino de Dios.

Los laicos en la Iglesia están llamados de manera particular a infundir los valores del Evangelio en la sociedad. En razón de su situación y ocupación en el mundo, tienen la oportunidad, en diferentes grados, de moldear la vida familiar, la vida cívica, la economía y otras dimensiones de la sociedad humana según los criterios del Evangelio. De hecho el documento sobre los laicos, *Apostolicam actuositatem*, del Concilio Vaticano II es uno de los textos conciliares que describen la doble tarea de la evangelización:

> La obra de la redención de Cristo, que de suyo tiende a salvar a los hombres, comprende también la restauración incluso de todo el orden temporal. Por tanto, la misión de la Iglesia no es solo anunciar el mensaje de Cristo y su gracia a los hombres, sino también el de impregnar y perfeccionar todo el orden temporal con el espíritu evangélico. (*AA, 5*)

El objetivo de este capítulo es explicar la relación entre la Iglesia y el mundo. Reflexionaremos sobre el estado peregrino de la Iglesia en el mundo, teniendo en mente que nuestro objetivo final es un "cielo nuevo y una tierra nueva", el cual implica mucho más que la consecución de un mundo perfecto o utópico en nuestra vida presente. Finalmente, deberemos observar los temas principales de la Doctrina Social de la Iglesia, en ese rico cuerpo de pensamiento que ha sido reconocido como "nuestro secreto mejor guardado".

La Iglesia, en el mundo, pero sin ser del mundo

Los cristianos están llamados a estar "en el mundo, pero sin ser del mundo". Lo mismo puede decirse de la Iglesia. En cierto sentido, este es el desafío más grande de la vida cristiana: discernir continuamente y encarnar en la práctica esta perspectiva de estar en el mundo sin ser del mundo. Debemos buscar mantener un equilibrio dinámico entre "la inserción" y la "diferenciación".

Más allá de este equilibrio dinámico están los extremos que distorsionan el mensaje del Evangelio. Por un lado, uno podría comprender el cristianismo en una manera ultramundana, que nos haría perder cualquier sentido de "arraigo" en este mundo. Parecería entonces que el ser cristiano se asemejaría más a un escape del mundo, más que a un compromiso con éste. La Iglesia no parecería otra cosa sino un refugio para este "valle de lágrimas". Como resultado surge una situación en la cual la fe no tiene impacto en la vida diaria y la sociedad en la cual vivimos, permanece insensible al mensaje del Evangelio. Designamos esta situación como *dualismo;* es decir, existe una profunda dicotomía y separación entre lo sagrado y lo secular, entre la fe y la vida diaria, entre la Iglesia y el mundo, y entre el mensaje del evangelio y las aspiraciones, deseos e intereses de las personas en el mundo.

Por otro lado, uno podría identificar tanto el cristianismo con el mejoramiento de la calidad de vida sobre la tierra que se perdería el verdadero sentido de la vida más allá de este mundo. Desde este punto de vista, habría escasa diferencia entre la Iglesia y otras organizaciones sociales y políticas que están tratando de mejorar nuestra suerte en el mundo. Ser cristiano significaría entonces simplemente tener un espíritu humanitario, y la salvación sería concebida sin ninguna referencia a la vida del mundo venidero.

Esta perspectiva pierde de vista que el cristiano genuino no es parte de este mundo. Esta interpretación del cristianismo podría llamarse *reduccionismo,* en el sentido que el Evangelio quedaría reducido a un mensaje puramente intramundano y terrenal.

Tanto el dualismo como el reduccionismo son extremos que deben evitarse. En la historia del cristianismo, no obstante, el problema más frecuente parece ser el dualismo, la separación de la fe de la vida diaria y del mundo. En diferentes formas dicha separación caracterizó buena parte de la vida católica en los años anteriores al Concilio Vaticano II. Por otra parte y durante ese período, los católicos estuvieron bastante comprometidos con el mundo; varios movimientos y asociaciones, tales como el Movimiento Familiar Cristiano y el Obrero católico, ya estuvieron llevando la fuerza del Evangelio a su vida familiar y social aun antes del Concilio.

Por otra parte, muchas expresiones de la espiritualidad católica y de la vida anterior al Concilio Vaticano II eran decididamente dualistas. Por ejemplo, el matrimonio y la vida familiar, la vocación a la vida célibe, eran normalmente tratadas como una vocación menos valiosa que el sacerdocio y la vida religiosa. Los estados del ordenado y el consagrado eran los verdaderos caminos a la santidad, mientras que aquellos que tenían una vocación "en el mundo", nunca podrían ser tan santos. En el *Baltimore Catechism* (1962), existe un dibujo de una pareja delante del altar, en su misa de bodas con este encabezado, "Esto es bueno", y la frase: "Yo quiero casarme con la persona que elegí". Este dibujo es colocado al lado de un dibujo de una hermana religiosa que está orando delante del altar, con este titular, "Esto es mejor," y la frase: "Yo escogí a Cristo como mi esposo". Se da en seguida una explicación sobre "la superioridad de la virginidad y el celibato sobre el estado matrimonial".

Uno quisiera creer que la doctrina de la superioridad del celibato y el matrimonio ya no se presenta como la enseñanza de la Iglesia. *Lumen gentium* habló del llamado universal a la santidad y, como lo advertimos antes, el Papa Juan Pablo II, en su carta sobre los laicos, enseñó que la distinción de personas en la Iglesia "no significa una mayor dignidad, sino especial y complementaria habilitación al servicio" (*CL*, 20). Así, se siente uno un poco sorprendido al descubrir que en documentos recientes continúa reclamándose que el celibato y la virginidad son innatamente superiores al matrimonio. En una carta intitulada *Sobre la función de la familia cristiana en el mundo moderno* (*Familiaris consortio, FC*), el Papa Juan Pablo II afirma que "por esto la Iglesia, durante toda su historia, ha defendido siempre la superioridad de este carisma frente al del matrimonio, por razón del vínculo singular que tiene con el reino de Dios" (16). Uno debería preguntarse si existe alguna contradicción y algún resto de dualismo en esta declaración.

La Iglesia "en" el mundo moderno, *Gaudium et spes* y algo más

En realidad vivir como cristiano "en el mundo, sin ser del mundo" es un desafío y una aventura. El camino más fácil sería optar por uno de los extremos, bien sea la separación de la fe y el amor de Dios del resto de la propia vida, o simplemente convertir la dimensión religiosa en algo indistinto del resto de la vida y del interés por el mundo. Sin embargo, lo más difícil es realizar la tarea genuina de los cristianos, mantener "la unidad en la distinción" del amor a Dios y el amor al prójimo. Porque, como en la gran parábola del Evangelio de San Mateo (25:31–46), cuando hemos dado alimento y bebida al hambriento, vestido al desnudo, y hemos visitado al enfermo y al prisionero, en realidad hemos servido al mismo Cristo. Y tal como lo señala la Primera carta de Juan, "pues quien no ama a su hermano a quien ve, no puede amar a Dios a quien no ve" (4:20). ¿Quién es mi prójimo? Ver Lucas 10:29–37. ¿Quién es mi hermano? Ver Génesis 4:1–16. Mi prójimo, mi hermana, mi hermano es cualquiera, especialmente aquellos más necesitados. Y mi prójimo, mi hermana, mi hermano es Cristo.

La necesidad de clarificar la relación de los cristianos con el mundo fue reconocida en el Concilio Vaticano II, aunque no en las etapas iniciales de la planeación de dicho Concilio. Al principio, no existían planes de promulgar específicamente un documento sobre la Iglesia en el mundo. Pero después de la apertura de las deliberaciones oficiales, un gran número de obispos solicitaron dicha declaración, y el Concilio en pleno, y el Papa, estuvieron de acuerdo. Existía el reconocimiento de que una presentación completa de la Iglesia tendría que abordar tanto "la vida interna" de la Iglesia (*ecclesia ad intra*) y la vida "externa" de la Iglesia (*ecclesia ad extra*), la comunión y la misión. De esta manera tenemos que, dos de los documentos principales (constituciones) del Concilio, se ocupan directamente de la Iglesia: *Lumen gentium* y *Gaudium et spes*.

Este no es el lugar para realizar un estudio detallado de la *GS*. Más bien, deseamos simplemente señalar aquí la visión general en cuanto a la relación Iglesia–mundo presentada en este documento. Uno de los aspectos más notables que hay que destacar es la declaración frecuente e insistente de que el ser cristiano no disminuye, al contrario, acrecienta nuestra responsabilidad a favor del desarrollo del mundo y del trabajo por la justicia. Consideremos las siguientes referencias:

> De donde se sigue que el mensaje cristiano no aparta a los fieles de la edificación del mundo, ni los lleva a despreocuparse del bien ajeno, sino que, al contrario, les impone como deber el hacerlo. (34)

> No obstante, la espera de una tierra nueva no debe amortiguar, sino más bien aliviar, la preocupación de perfeccionar esta tierra, donde crece el cuerpo de la nueva familia humana, el cual puede de alguna manera anticipar un vislumbre del siglo nuevo. Por ellos, aunque hay que distinguir cuidadosamente progreso temporal y crecimiento del Reino de Cristo, sin embargo, el primero, en cuanto puede contribuir a ordenar mejor la sociedad humana, interesa en gran medida al reino de Dios. (39)

Se equivocan los cristianos que, pretextando que no tenemos aquí ciudad permanente, pues buscamos la futura, consideran que pueden descuidar las tareas temporales, sin darse cuenta de que la propia fe es un motivo que les obliga al más perfecto cumplimiento de todas ellas según la vocación personal de cada uno . . . El divorcio entre la fe y la vida diaria de muchos debe ser considerado como uno de los más graves errores de nuestra época . . . El cristiano que falta a sus obligaciones temporales, falta a sus deberes con el prójimo; falta sobre todo, a sus obligaciones para con Dios y pone en peligro su eterna salvación. (43)

¿Por qué existe tanta insistencia en este documento para que los cristianos sean aún más responsables que los demás, en el desarrollo de su propio mundo? Sospechamos que es porque los cristianos y la Iglesia cayeron frecuentemente en la cuenta de que las generaciones inmediatamente anteriores, habían separado la fe religiosa de los asuntos y los desafíos de la vida en este mundo.

Al mismo tiempo, resulta claro que este documento no reduce la fe cristiana a un espíritu humanitario, ni reduce la Iglesia a una organización puramente social o política. Así:

La misión propia que Cristo confió a su Iglesia no es de orden político, económico o social. El fin que le asignó es de orden religioso . . . Como por otra parte, en virtud de su misión y naturaleza, no está ligada a ninguna forma particular de civilización humana ni a sistema alguno, político, económico y social. (42)

La Iglesia permanece como un signo de trascendencia en el mundo, apuntando a nuestro destino último con Dios. No obstante, la Iglesia, como hemos visto, es un sacramento, un signo e instrumento de comunión con Dios y de unidad en medio de todos los pueblos (esta enseñanza de *LG*, 9 es repetida en *GS, 42)*. En el momento mismo de realizar su misión, la Iglesia "contribuye por lo mismo, a la cultura humana y la impulsa" *(GS, 58)*.

En documentos posteriores de la Iglesia y en la literatura teológica se ha intentado mantener el fino equilibrio, la "unidad en la distinción" articulada en la *GS* entre la contribución de la Iglesia al progreso y el desarrollo humano sobre la tierra (el orden temporal), y el mensaje del Evangelio acerca de nuestro último destino de comunión con Dios (el orden eterno). Aunque, dependiendo de las circunstancias de un tiempo determinado, el balance parece inclinarse ligeramente hacia un lado o hacia otro. Así, por ejemplo, un sínodo mundial de los obispos realizado en 1971 declaró en *JM [Justicia en el mundo]*:

> La acción en favor de la justicia y la participación en la transformación del mundo se nos presenta claramente como una dimensión constitutiva de la predicación del Evangelio, es decir, la misión de la Iglesia para la redención del género humano y la liberación de toda situación opresiva.

Quince años más tarde, un documento en el cual la Congregación para la Doctrina de la Fe examina a la teología de la liberación, volvió al mismo asunto pero en un tono más atento, procurando distinguir entre los dos aspectos de la misión:

> La Iglesia no se aparta de su misión cuando se pronuncia sobre la promoción de la justicia en las sociedades humanas o cuando compromete a los fieles laicos a trabajar en ellas, según su vocación propia. Sin embargo, procura que esta misión no sea absorbida por las preocupaciones que conciernen el orden temporal, o que se reduzca a ellas. Por lo mismo, la Iglesia pone todo su interés en mantener clara y firmemente a la vez la unidad y la distinción entre evangelización y promoción humana: unidad, porque ella busca el bien total del

hombre; distinción, porque estas dos tareas forman parte, por títulos diversos, de su misión.

(*Instrucción sobre libertad cristiana
y liberación [ILCL]*, 64)

La misión de la Iglesia es promover la "perfección integral de la persona humana" (*GS*, 59). La liberación de la injusticia y el progreso de la sociedad sobre la tierra son parte del plan de salvación de Dios para la familia humana. Al mismo tiempo, existe una peculiar visión cristiana y religiosa del desarrollo humano. En realidad, nuestro reclamo es que sólo el mensaje cristiano, el Evangelio, presenta la verdad plena sobre la situación humana.

¿Qué es el "mundo"?

En el capítulo cinco hablamos con amplitud sobre la evangelización de las culturas, dimos marcha atrás para analizar más de cerca el significado de la palabra "cultura". De manera semejante, ahora resulta útil, luego de hablar acerca de la relación de la Iglesia y el mundo, reflexionar acerca de lo que entendemos por la palabra "mundo".

El significado del término "mundo" no es tan obvio como podría parecer. En el contexto religioso esta palabra puede usarse de dos diferentes maneras. Desde la perspectiva de varios pasajes destacados del Nuevo Testamento, el "mundo" tiene una connotación negativa. Por ejemplo, la Primera carta de Juan nos dice:

> No amen el mundo ni lo que hay en él. Si alguno ama al mundo, el amor del Padre no habita en él. Porque todo lo que hay en el mundo, los apetitos desordenados, la codicia de los ojos y el afán de la riqueza humana, no viene del Padre, sino del mundo. (2:15–16)

De manera semejante, Pablo dice algo similar a los romanos: "No se adapten a los criterios de este mundo; al contrario, transfórmense, renueven su interior". (12:2)

Los investigadores bíblicos nos dicen que en estos pasajes el término "mundo" se usa en sentido restringido para referirse a ciertos aspectos de nuestra experiencia en esta vida, es decir, al poder del pecado y a la condición de perdición en la humanidad. El pecado y el mal son realidades que no pueden ser ingenuamente puestas a un lado; aún cuando hablamos de nuestro compromiso con el progreso y el desarrollo humano, no deberíamos suponer que el poder del pecado y del mal desaparecerán. En realidad, el siglo XX demostró trágicamente que no tenemos demasiado que esperar. Solamente cuando Dios conduzca la historia a su consumación (en el *eschaton*) podremos esperar ser completamente liberados del poder del pecado y del mal.

Podría ser el caso de que la tentación dualista en el cristianismo proviene al menos en parte de estas referencias negativas al "mundo" en el Nuevo Testamento. Pero al mismo tiempo, existe un significado positivo que debe expresarse. El cristianismo es, después de todo, la religión del Dios encarnado, un Dios que se encarna y que habita en nuestro mundo. Y después de todo, éste es el mundo de Dios, creado completamente como un don, el mundo al que Dios amó tanto que le dio a su único hijo (ver Juan 3:16).

Así resulta equivocado considerar el mundo como algo meramente secular o profano, y a la Iglesia como algo simplemente sagrado o santo. El mundo tiene desde el principio una dimensión religiosa, ha sido agraciado por Dios desde el momento mismo en que fue creado. ¿De qué otra manera podríamos considerar el mundo, sino como un don de Dios? La "nueva creación", los "cielos nuevos y la tierra nueva" de los que habla el Nuevo Testamento y en los cuales esperamos, no serán una cosa absolutamente diferente de lo que experimentamos ahora; será este mismo mundo llevado al destino que Dios espera de él. Y aún ahora, desde la resurrección de Cristo, tenemos, de acuerdo a Pablo (Romanos 8:18–25) los "primeros frutos del Espíritu", el principio de la transformación de este mundo en la nueva creación prometida. No obstante, por ahora es sólo el principio; Pablo dice que "la creación entera" está "gimiendo" hasta ser plenamente liberada del mal y el pecado.

Somos invitados a pensar en nosotros mismos no sólo como los administradores o vigilantes del mundo creado, sino como co-creadores de la creación divina, colaborando con Dios en la construcción de la "ciudad de Dios". Así, nuestro trabajo en este mundo no es solamente un medio de sobrevivencia, mucho menos una maldición por el pecado original. Más bien, contribuye a la venida de la nueva creación. Ciertamente no somos creadores a la manera como Dios lo es. Pero un cierto número de pensadores contemporáneos, incluyendo al Papa Juan Pablo II en su encíclica *Sobre el trabajo humano (Laborem exercens, LE),* han comenzado a hablar de los humanos como "co-creadores creados".

El mundo, creado para la Iglesia

Podemos decir que el mundo es creado para la Iglesia. Esta línea de pensamiento está expresada en el *CIC:*

> "El mundo fue creado en orden a la Iglesia", decían los cristianos de los primeros tiempos. Dios creó el mundo en orden a la comunión de su vida divina, "comunión" que se realiza mediante la "convocación" de los hombres en Cristo, y esta "convocación" es la Iglesia. La Iglesia es la finalidad de todas las cosas. (760)

La Iglesia puede considerarse como aquella parte del mundo que es plenamente consciente de que lo que Dios le ofrece a toda la familia humana y a todo el universo creado, no es otra cosa que una sobreabundante comunión de vida y amor. No obstante, como cristianos, no tenemos la experiencia de que nuestra fe sea un don que debamos conservar para nosotros mismos. Como Juan Pablo II ha exclamado, "¡La fe se fortalece, dándola!" (*RM,* 2). Nuestra misión es hacer al mundo plenamente consciente de los dones divinos. Esta es otra vez la razón por la cual podemos hablar de la Iglesia como "el sacramento universal de salvación". La Iglesia a la vez expresa y significa la salvación que Dios quiere para el mundo entero, y al hacerlo, produce o realiza esta misma salvación.

Varios Padres de la Iglesia se refirieron a la Iglesia como el "mundo transfigurado", significando con esto que la Iglesia representa lo que el mundo está destinado a ser. Es claro, que la Iglesia que históricamente ha existido, "necesita de purificación constante" buscando constantemente "la penitencia y la renovación" (*LG,* 8). La Iglesia experimenta a la vez los aspectos positivos y negativos del mundo; al igual que éste, ella también debe liberarse de todas las fuerzas que obstaculizan la comunión.

Así cuando decimos que la misión de la Iglesia incluye la "animación cristiana del orden temporal", o la "penetración del orden temporal por el evangelio", estamos diciendo que el mundo deberá convertirse cada vez más en lo que Dios siempre ha querido que sea. En el pleno cumplimiento del plan de Dios, el "mundo" y la "Iglesia" serán idénticos. Más precisamente, tanto el mundo como la Iglesia, tal como nosotros los conocemos, pasarán; todas las cosas serán transformadas en una nueva creación, en la "Nueva Jerusalén", la ciudad celestial de la que habla el libro del Apocalipsis.

La Doctrina Social de la Iglesia, nuestro secreto mejor guardado

La visión desarrollada líneas arriba es muy elevada. Nuestra debilidad puede desanimarnos. Pero a la vez, debemos esforzarnos por traducir esta visión en enseñanza práctica y en acción. En el transcurso del último siglo y durante algunas décadas más, se ha ido desarrollando en la Iglesia un cuerpo de pensamiento conocido como la Enseñanza social católica, o la Doctrina Social de la Iglesia. De igual manera, ha existido un florecimiento de programas y asociaciones, a nivel local, regional, nacional y universal, para poner en práctica dicha enseñanza. Los lectores pueden, por ejemplo, estar familiarizados con organizaciones como Catholic Relief Services, organización mediante la cual, la Iglesia de los Estados Unidos ayuda a los pueblos necesitados alrededor del mundo, la Campaña Católica para el Desarrollo Humano (que responde a las situaciones de necesidad dentro de los Estados Unidos), y las oficinas locales de Caridades Católicas. Éstas son solamente tres de las muchas organizaciones que sirven en la misión de la Iglesia a favor de la transformación del mundo.

La obra de dichas organizaciones brota de la visión católica de un mundo ordenado en base a la justicia. Los principios básicos de esta visión los explica en la Doctrina Social de la Iglesia *(DSI)*. Este cuerpo de pensamiento representa la conciencia de toda la Iglesia que se esfuerza por realizar su misión en el mundo. Entre las expresiones principales de la *DSI* están una serie de documentos papales (las encíclicas sociales) al igual que otras formas de enseñanza del magisterio (por ejemplo, las cartas pastorales de los Obispos de Estados Unidos sobre la economía, la guerra y la paz, publicadas en la década de los ochenta). Estos documentos destilan y expresan la experiencia de toda la Iglesia viviendo en el mundo. Pretenden examinar las diferentes cuestiones sociales y proponen principios inspirados en el Evangelio ("basados en la fe") para confrontar dichos problemas. Éstos no solamente son fuente de enseñanza moral en la Iglesia; más aún, representan una fuente de enseñanza normativa, con la cual, todos los miembros de la Iglesia deben estar familiarizados.

No obstante, demasiados miembros de la Iglesia no están familiarizados con la Doctrina Social de la Iglesia y no ponen suficientemente en práctica el Evangelio en el mundo. Los educadores religiosos, como líderes en la formación del pueblo de acuerdo al Evangelio, necesitan estar más familiarizados con la *DSI*. Existe un número de pequeñas declaraciones pastorales, recientemente publicadas por la National Conference of Catholic Bishops que destilan el corazón de los principios de la doctrina social y que ofrecen una visión para su implementación. Estas breves declaraciones son mucho más accesibles e inteligibles que las encíclicas sociales papales, frecuentemente más largas y técnicas. Todos los documentos a los cuales nos referiremos están disponibles en la página digital de la oficina de obispos http://www.usccb.org/sdwp/topicallist.htm.

Una declaración particularmente importante es *Sharing Catholic Social Teaching: Challenges and Directions* (Compartiendo la enseñanza social católica: desafíos y direcciones), *emitida* en 1998, esta declaración responde a la necesidad de integrar más efectivamente la Enseñanza social católica en los distintos ministerios educativos de la Iglesia. El texto señala que

> muchos católicos no entienden adecuadamente que la doctrina social de la Iglesia es una parte esencial de la fe católica. Esto plantea un serio desafío a todos los católicos, dado que debilita nuestra capacidad de ser una Iglesia que realiza las exigencias del evangelio. (3)

Esta declaración sintetiza el núcleo de principios de la *DSI*. Se presentan siete temas:

1. Vida y dignidad de la persona humana "Nuestra fe en la santidad de la vida humana y la inherente dignidad de la persona es el fundamento de todos los principios de nuestra enseñanza social". Cada persona ha sido creada a imagen de Dios. Cada persona es de inestimable valor. Todas las leyes sociales, prácticas e instituciones deben proteger, no minar, la vida y la dignidad humana –desde la concepción hasta la muerte natural.

2. Llamado a la familia, la comunidad y la participación La forma en que organizamos nuestra sociedad –en lo económico y lo político, en leyes y normas, afecta directamente la dignidad humana y la capacidad de los individuos para crecer en comunidad. Somos seres sociales. Realizamos nuestra dignidad y potencial humano en nuestras familias y comunidades. La familia es la célula básica de la sociedad; debe ser sostenida. El gobierno tiene la misión de proteger la vida humana, promoviendo el bien común de cada persona y defendiendo el derecho y deber de todos a participar en la vida social.

3. Derechos y deberes "La tradición católica enseña que la dignidad humana se puede proteger, y que se puede lograr una comunidad saludable, sólo si se respetan los derechos humanos y se cumplen los deberes". La Iglesia defiende la responsabilidad personal así como también los derechos sociales. El derecho a la vida es fundamental e incluye el derecho a comida, vestido, abrigo, descanso, cuidado médico y servicios sociales esenciales. Toda persona tiene el derecho a criar una familia y el deber de sostenerla. La dignidad humana requiere la libertad religiosa y política, y el deber de ejercer estos derechos por el bien común de todos.

4. Opción por los pobres e indefensos "La enseñanza católica proclama que una prueba moral básica es cómo prosperan los miembros más indefensos". La Iglesia no opone un grupo social contra otro sino más bien sigue el ejemplo de nuestro Señor que se identificó con los pobres e indefensos. (cf. Mt 25:31–46). Dar prioridad a los pobres e indefensos fortalece la salud de toda la sociedad. La vida humana y la dignidad de los pobres están en peligro. Los pobres tienen prioridad en nuestros recursos personales y sociales.

5. La dignidad del trabajo y derechos de los trabajadores "El trabajo es más que una forma de ganarse la vida; es una forma de participación continua en la creación de Dios". Los trabajadores tienen derechos a trabajo decente, salarios justos, condiciones de trabajo seguras, formación de sindicatos, protección contra la incapacitación, seguridad de jubilación e iniciativa. La economía existe para la persona humana; la persona humana no existe para la economía. El trabajo tiene prioridad sobre el dinero.

6. Solidaridad "Somos una familia humana, cualesquiera sean nuestras diferencias nacionales, raciales, étnicas, económicas e ideológicas". La Iglesia habla de un bien común "universal" que se extiende más allá de las fronteras de la nación hacia la comunidad global. La solidaridad reconoce que el destino de los pueblos de la tierra están entrelazados. La solidaridad requiere que las naciones ricas ayuden a las más pobres, exige respeto por las culturas diferentes y justicia en las relaciones internacionales e, insta a las naciones a vivir en paz unas con las otras.

7. Preocupación por la creación de Dios "Debemos mostrar nuestro respeto por el Creador cuidando bien de la creación". Responsabilidad por la tierra y todas sus criaturas (incluso los seres humanos) es un reto complejo. Los seres humanos son parte de la creación y cualquier cosa que hacemos a la tierra también nos afecta a nosotros. Tenemos que vivir en armonía con el resto de la creación y conservarla para las generaciones futuras.

Existen otras tantas declaraciones importantes. *Vivir el Evangelio de la vida. Reto a los católicos de Estados Unidos* (1988) ofrece una guía para el desarrollo de las virtudes necesarias para cultivar una "cultura de la vida" en nuestra sociedad. *Llamados a la solidaridad mundial. Retos internacionales para las parroquias de Estados Unidos* (1997) llama a las comunidades católicas en los Estados Unidos a llegar más allá de sus límites parroquiales y nacionales para vivir en solidaridad y justicia con los pueblos del mundo.

El documento *Ciudadanos comprometidos. Un llamado católico para la responsabilidad política* (1999) ofrece una estructura para que los miembros de la Iglesia en Estados Unidos participen en el proceso político durante el ciclo de elecciones del año 2000 y posteriormente. Finalmente: *Cristianos de cada día: tienen hambre y sed de justicia* (1998) es una "reflexión pastoral sobre los discípulos laicos por la justicia en un nuevo milenio". Este documento subraya "una dimensión esencial de la vocación laical que algunas veces es olvidada o despreciada: la misión social de los cristianos en el mundo".

Resumen

En la actividad diaria, con iniciativas grandes y pequeñas, todos estamos llamados a hacer nuestras contribuciones para la construcción de un mundo más justo y pacífico. Cuando nos dirigíamos al nuevo milenio, comenzando con la celebración del año del Jubileo, renovamos nuestro compromiso de seguir a Cristo y "anunciar la buena noticia a los pobres... a proclamar la liberación a los cautivos" (Lucas 4:18). *Cristianos de cada día* termina con una Promesa del Jubileo por la caridad, la justicia, y la paz. Dejemos que esta promesa sea el resumen de nuestro capítulo:

Como discípulos de Jesús en el nuevo milenio, yo/nosotros prometo/prometemos:

- **Rezar** constantemente por más justicia y paz.

- **Aprender** más sobre la enseñanza social católica y su llamado a proteger la vida humana, defender a los pobres y cuidar la creación.

- **Cruzar** las fronteras de la religión, la raza, la etnia, el sexo o la incapacidad.

- **Ser justo** en la vida en familia, la escuela, el trabajo, los negocios y la política.

- **Servir** a los pobres y desamparados, compartiendo el tiempo y los talentos.

- **Dar** con más generosidad a los necesitados aquí y en el extranjero.

- **Abogar** por una política pública que proteja la vida humana, promueva la dignidad humana, preserve la creación de Dios y construya la paz.

- **Motivar** a otros a luchar para que haya más caridad, justicia y paz.

Para reflexionar

1. ¿De qué manera entiendes el "llamado" a estar "en el mundo, sin ser del mundo"?

2. ¿De qué manera el equipo y los miembros de tu comunidad de fe realizan efectivamente la misión de la Iglesia en el mundo?

3. ¿De que forma concreta aplicas ahora la *DSI*? ¿De qué manera estás promoviendo una comprensión y una aplicación más amplia de la *DSI*?

Capítulo 7

La Iglesia: una, santa, católica y apostólica

Comenzamos estas reflexiones sobre la Iglesia refiriéndonos a la experiencia de la celebración de la liturgia eucarística. Una consideración del hecho más importante de la Iglesia, el rito en el que más profundamente vivimos nuestra identidad como Iglesia, nos permite ocuparnos de los temas que sirven para elaborar una teología de la Iglesia, es decir, la eclesiología. El ritmo básico de la vida cristiana es la interacción de congregarnos y ser enviados, de la reunión y la despedida, de la comunión y la misión. En los capítulos presentes hemos explicado algunos de los detalles de una visión de la Iglesia basada en este ritmo.

Otro elemento de la liturgia eucarística es la profesión de fe que hacemos cuando recitamos el Credo. Nuestra confesión común de que creemos en el Dios trino nos vincula mutuamente y nos ayuda a la vez a expresar y crear comunión entre los miembros de la Iglesia. Al hacer esta profesión de fe, afirmamos nuestra creencia de que la Iglesia es "una, santa, católica y apostólica". Tradicionalmente éstas han sido consideradas como las marcas de la Iglesia, es decir, sus características esenciales.

Muchos estudios de eclesiología están organizados de acuerdo a estos cuatro temas. En este libro no hemos hecho una referencia específica a la Iglesia como una, santa católica, y apostólica. Sin embargo, esto no significa que los temas de la unidad, santidad, catolicidad y apostolicidad hayan estado ausentes en nuestras reflexiones. Al contrario, al estudiar la comunión y misión de la Iglesia, hemos tomado expresa y completamente en cuenta su unidad y apostolicidad. Obviamente, al hablar de comunión se debe hablar del tema de la unicidad de la Iglesia. De igual manera, hemos visto que el significado elemental de ser "apostólica" es el "ser enviada", así indicamos la identidad misionera de la Iglesia. Pero, el ser apostólica, también invoca los temas de la comunión y la unicidad, nos recuerda que la responsabilidad de trabajar por la unidad de la Iglesia ha sido confiada históricamente a los obispos, ministros que son considerados como sucesores de los apóstoles originarios. Por tanto, en los capítulos previos consideramos aquello que constituye a la Iglesia en "una" y "apostólica".

Lo que no ha sido tan obvio, aunque no ha estado ausente, es la atención explícita a la santidad y catolicidad de la Iglesia. Así parece conveniente que en este capítulo final ofrezcamos algunas consideraciones sobre la Iglesia como "santa" y "católica". Podemos pensar que la santidad y la catolicidad son atributos que pertenecen a la comunión, así que, para ser más precisos, diremos que la Iglesia es una "comunión santa" y una "comunión católica". Asimismo, cuando recordamos que el propósito de la misión es hacer más rica y e inclusiva nuestra comunión, descubrimos que la comunión y la unicidad es en algún sentido, la característica fundamental de la Iglesia. La santidad, la catolicidad y la apostolicidad son especificaciones derivadas de la comunión. De otra manera podríamos recordar que, al final, cuando esté plenamente realizada la comunión entre las personas humanas y divinas, ya no habrá más necesidad de la misión.

La Iglesia, santa, al punto que nunca puede fallar

Creemos que la Iglesia es santa. Pero, ¿que significa ser santa? ¿Y cómo puede la Iglesia ser, como hemos visto, a la vez santa y necesitada de purificación? ¿Existe una distinción entre la santidad de la Iglesia como tal y la santidad de sus miembros particulares?

Para empezar, propiamente hablando, la santidad pertenece sólo a Dios. Como cantamos en el Gloria, "Sólo tú eres Santo". El sentido más antiguo de la palabra "santo" (*hagios* en griego, *sanctus* en latín) es "poner aparte", es decir, Dios y lo que le pertenece está claramente separado de todo lo demás, que permanece profano. En el período bíblico parecía existir una necesidad particular de enfatizar la "otredad" de Dios, sobre todo cuando se le comparaba con las cosas creadas; esto se hacía con el fin de preservar la idea que Dios no debe confundirse con las fuerzas de la naturaleza o con las labores manuales de los seres humanos.

Pero la santidad de Dios, la cual nos inspira reverencia y adoración, puede ser compartida o impartida a las personas humanas y a las cosas creadas. Así la Biblia describe el deseo de Dios de formar una "nación santa, un pueblo consagrado". La santidad es atribuida a todas las cosas que son consagradas al servicio y el culto divino: el templo, los libros de la Escritura, los sacerdotes. Sin embargo, principalmente es el pueblo como un todo, la comunidad de Israel en el Antiguo Testamento, la Iglesia cristiana en el Nuevo Testamento, la que es llamada a ser santa, es decir, a ser pueblo de Dios. Pero la elección y la separación de este pueblo por parte de Dios no son actos de favoritismo o elitismo, sino que más bien, estos pueblos deben ser un signo explícito ("sacramento") de la relación que Dios desea establecer con todos los pueblos.

Antes que todo, la Iglesia es santa, porque dichas personas son el pueblo de Dios. Pablo habla de la Iglesia tanto del "cuerpo de Cristo" y el "templo del Espíritu". Esta santidad, sin embargo, es a la vez don y tarea. Pablo se dirige a los corintios como "consagrados por Cristo Jesús", quienes al mismo tiempo "han sido llamados a ser pueblo de Dios" (1 Corintios 1:2). A los efesios les dice "por tanto, ya no son extranjeros o huéspedes, sino conciudadanos de los que forman el pueblo de Dios" (Efesios 2:19). Los cristianos ya han sido constituidos santos, pero a la vez están llamados a ser santos.

Por tanto, la santidad, es propiamente referida a la Iglesia en razón de la santidad de Cristo y del Espíritu, quienes nos forman y animan como una comunidad de personas. En este sentido, la Iglesia nunca podrá dejar de ser santa. De acuerdo a *LG* la Iglesia es "indefectiblemente santa" (39). Siendo más técnicos, algunas veces se dice que la Iglesia es "indefectible" en su santidad. Creemos esto en razón de la promesa de Cristo de que el Espíritu conservará a la Iglesia fiel al mensaje del Evangelio (ver Juan 16:13). Sobre dicha base, también creemos que existen dones dados a la Iglesia que harán que permanezca santa, aún cuando usemos dichos dones de manera inadecuada. Los libros de la Escritura, los sacramentos y otros dones del Espíritu son en sí mismos siempre santos en razón de su fuente.

La santidad de la Iglesia, genuina aunque imperfecta

Sin embargo, esta Iglesia santa también es pecadora. Esto significa que debe seguir constantemente "el camino de la penitencia y la renovación". Pero, ¿de qué manera una realidad puede ser santa y pecadora al mismo tiempo? ¿No equivale esto a decir que una bebida pueda ser fría y caliente a la vez?

La Iglesia es una comunión de personas unidas a Cristo por la acción del Espíritu Santo. En tanto que Cristo es la cabeza de este cuerpo de personas y el Espíritu Santo es el corazón o alma, resulta claro que la Iglesia es santa. Sin embargo, nosotros, los miembros humanos de la Iglesia estamos lejos de ser perfectos; todos pecamos y nos apartamos de la vida a la que Dios nos llama. Aunque de manera frecuente, como individuos y como grupos dentro de la Iglesia no logremos ser santos, y en esos casos no necesariamente le imputaremos a la Iglesia como un todo, los fracasos de algunos de sus miembros. De cualquier manera, todos oramos diciendo "perdona nuestras ofensas". Más aún, es claro que en algunas ocasiones la Iglesia en su totalidad, sea la que aparezca como quien lleva la responsabilidad de acciones y actitudes incompatibles con el Evangelio.

El Jubileo del año 2000 llamó a la Iglesia a hacer un examen de conciencia colectivo. De acuerdo al Papa Juan Pablo II en su carta *Sobre la venida del tercer milenio (Tertio millennio adveniente, TMA)*, y en la cual bosqueja los preparativos de esa celebración:

> La Iglesia con una conciencia más viva del pecado de sus hijos, recordando todas las circunstancias en las que, a lo largo de la historia, se han alejado del Espíritu de Cristo y del evangelio, ofreciendo al mundo en vez del testimonio de una vida inspirada en los valores de la fe, el espectáculo de modos de pensar y actuar que eran verdaderas ***formas de antitestimonio y de escándalo*** (33, énfasis añadido).

En medio de "otro capítulo doloroso sobre el que los hijos e hijas de la Iglesia deben volver con ánimo abierto al arrepentimiento", esta carta recuerda los pecados que han lastimado la unidad cristiana, tales como "*los métodos de intolerancia e incluso de violencia,*" en el servicio de la verdad (35). Pero no solamente nos tenemos que arrepentir de los pecados históricos; el tiempo presente "igualmente presenta no pocas sombras", es decir, situaciones negativas, en las cuales los cristianos compartimos la responsabilidad. Entre esos ejemplos se incluye la pérdida del respeto por la vida y la familia, las violaciones de los derechos humanos y "graves formas de injusticia y exclusión". "Hay que preguntarse cuántos, entre ellos, conocen a fondo y practican coherentemente los mandamientos de la doctrina social de la Iglesia" (36). Para usar una terminología tradicional, los cristianos deben confesar a la vez los pecados de comisión y de omisión, es decir, "lo que hemos hecho y lo que hemos dejado de hacer".

Obviamente, "indefectiblemente santa" no puede simplemente significar "perfectamente santa". Llamar santa a la Iglesia no significa que no existan defectos o pecados entre sus miembros, sino más bien que, la Iglesia como un todo nunca se apartará del Evangelio de forma que pierda la posibilidad del arrepentimiento y la conversión. Mientras tengamos el Evangelio como el espejo en el cual nos examinemos, tendremos que esperar que algún día podremos llegar a ser plenamente a lo que fuimos llamados, es decir, pueblo santo de Dios.

En cierta manera, la yuxtaposición de santidad y pecaminosidad en la Iglesia realmente subrayan el alcance del amor con el cual Dios nos ama. En la dolorosa experiencia del fracaso moral, nos damos cuenta de cuán abundante es la misericordia y compasión divina. Paradójicamente, somos llamados a cambiar nuestra pecaminosidad por la santidad de Cristo. ¡Cristo se hizo pecado! "Dios hizo pecado al que no cometió pecado" a fin de que pudiéramos ser santos. Así como en un matrimonio, el esposo y la esposa se dan recíprocamente todo lo que poseen, tanto sus dones como sus defectos, así en nuestra unión con Cristo le entregamos todo lo que somos, incluyendo nuestra debilidad y fracasos, y a su vez, recibimos su vida. Así, el íntimo amor de Cristo y la Iglesia es como el del esposo y la esposa, tal como la Carta a los Efesios lo proclama (5:21–33).

Lumen gentium enseña que Dios llama a todos a la santidad:

> Fluye de ahí la clara consecuencia que todos los fieles, de cualquier estado o condición son llamados a la plenitud de la vida cristiana y a la perfección de la caridad que es una forma de santidad que promueve, aun en la sociedad terrena, un nivel de vida más humano. (40)

La caridad es "el don principal y más necesario" del Espíritu Santo; es el "vínculo de perfección", la "plenitud de la ley" (42). La caridad es superior a todas las virtudes; en realidad, es la forma misma de todas las virtudes. Es claro que la santidad consiste por encima de todo en el amor de Dios y el amor al prójimo. "En estos dos mandamientos se basa toda la ley y los profetas" (Mateo 22:34–40). De ahí, "que el amor hacia Dios y hacia el prójimo sea la característica distintiva del verdadero discípulo de Cristo". (*LG,* 42)

La unidad católica de la Iglesia

Abordemos ahora la cuestión de la catolicidad de la Iglesia. Casi todos los cristianos, y no solamente los que pertenecen a la Iglesia Católica Romana, profesan su creencia en la "Iglesia católica". Gracias a una convención ampliamente usual, usamos el término "católico" (letra minúscula) cuando nos referimos a aquella cualidad de la Iglesia de la cual se habla en el Credo, y "Católico" (letra mayúscula) cuando nos referimos a la Iglesia Católica Romana (es decir, a todas aquellas iglesias que están en comunión con la Iglesia de Roma; entre las que se incluyen las Iglesias católicas de rito oriental, a las vez que las Iglesias de rito latino).

En esta sección, deseamos enfocarnos sobre la Iglesia Católica, tal como la confesamos todos los cristianos. ¿Qué significa esto? Nuestro término deriva originalmente del término griego *katholikos*, que significa "de acuerdo al todo" o "universal". Cuando el adjetivo católico comenzó a ser aplicado al nombre "Iglesia" en un número de escritos cristianos antiguos, podían emerger diferentes matices de significado, reflejando las diferentes facetas de la universalidad o plenitud. Existía el significado básico de extensión geográfica; la Iglesia Católica es aquella que está difundida (o en proceso de difusión) por todo el mundo. Existe el sentido de unicidad que era enfatizado por el término "católico"; para ser verdaderamente católica, la Iglesia debería ser una en todo el mundo.

Otra dimensión importante de la catolicidad aparece en el siglo segundo en la necesidad de distinguir las comunidades cristianas genuinas u ortodoxas de las diferentes sectas heréticas o cismáticas. Cuando las interpretaciones conflictivas del evangelio produjeron creencias o prácticas contradictorias, los primeros cristianos desarrollaron gradualmente normas o criterios de juicio ("reglas de fe", tales como las primeras formulas bautismales o catequéticas) para distinguir lo que era verdaderamente cristiano. En este sentido, católico vino a significar lo opuesto a sectario o faccioso. Finalmente, el término católico vino a denotar la idea de cabalidad o plenitud, significando una rica diversidad que se reconcilia en la unidad.

En la historia subsiguiente del cristianismo, han existido numerosos intentos de definir más precisamente la dimensión Católica de la Iglesia. Esa tarea se ha vuelto más difícil por las divisiones internas del cristianismo en católicos, ortodoxos y en las ramas protestantes, con la posterior desunión dentro de cada rama. Prácticamente, todos estos cristianos, como hemos dicho, creen en la Iglesia Católica, aunque muchos no sean católicos. La Iglesia Católica reconoce que no puede identificar a la Iglesia de Cristo simplemente consigo misma o con cualquier otro cuerpo eclesial. Según *LG:*

> La única Iglesia de Cristo, que en el símbolo
> confesamos una, santa, católica y apostólica . . .
> permanece en la Iglesia Católica gobernada por el

sucesor de Pedro y por los obispos en comunión con él, aunque pueden encontrarse fuera de ella muchos elementos de santificación y de verdad. (8)

Ha existido mucha especulación acerca del significado de "permanece", el cual el Concilio utilizó en lugar de "existe en". En el contexto de *LG* y de otros documentos, la elección de este término parece indicar que la única Iglesia de Cristo, aunque manifiesta más plenamente en la Iglesia Católica, abraza de alguna manera a las Iglesias Ortodoxas y a las Iglesias y comunidades eclesiales provenientes de la Reforma Protestante. Todos estos cuerpos están unidos en una "real aunque imperfecta" comunión. El documento del Concilio sobre el ecumenismo, *Unitatis redintegratio, UR*, ofrece reflexiones adicionales sobre esta más amplia comunión:

> Es más, de entre el conjunto de elementos o bienes con que la Iglesia se edifica y vive, algunos, o mejor, muchísimos y muy importantes pueden encontrarse fuera del recinto visible de la Iglesia Católica: la palabra de Dios escrita, la vida de la gracia, la fe, la esperanza y la caridad, y algunos dones interiores del Espíritu Santo y elementos visibles; todo esto, que proviene de Cristo y a Él conduce, pertenece por derecho a la única Iglesia de Cristo... solamente por medio de la Iglesia Católica de Cristo, que es auxilio general de salvación, puede conseguirse la plenitud total de los medios salvíficos". (3)

El texto mantiene una distinción entre "la Iglesia misma" o "la única Iglesia de Cristo", y la "Iglesia Católica". Al mismo tiempo, enseña que la "plenitud total de los medios salvíficos" se encuentra solamente en la Iglesia Católica. Como hemos visto, los medios principales para construir la comunión eclesial son los ministerios de la Palabra, el sacramento y dirección pastoral. Si bien, la plenitud de estos medios está presente sólo en la Iglesia Católica, no obstante, muchos medios se encuentran en las otras comunidades cristianas.

Pero la "única Iglesia de Cristo" es más que los medios para la comunión; es también y más fundamentalmente el fruto de la comunión. Esta Iglesia es la comunión de personas a la cual pertenecen todos los cristianos en mayor o menor grado. Sin embargo, algunos cristianos que pertenecen a Iglesias con menos de la plenitud de medios de comunión, están viviendo una vida más profunda de fe, esperanza y caridad cristianas, que algunos cristianos católicos, cuya Iglesia posee la plenitud de los medios de comunión. Por esto es que no podemos identificar simplemente la "única Iglesia de Cristo" de forma absoluta, con la Iglesia Católica, aun cuando solamente la Iglesia Católica posea la plenitud de los medios salvíficos.

Catolicidad, la plenitud del dar y recibir

Los señalamientos actuales acerca de la catolicidad incluyen los diferentes sentidos del término que hemos mencionado arriba y que desarrollan la idea de universalidad y plenitud. Especialmente importante es el énfasis en la catolicidad como la plenitud de la participación de bienes en medio de todos los pueblos. Esto significa que la Iglesia es realmente católica cuando abraza a cada cultura y a cada grupo de personas, reconciliando los variados recursos, carismas y bienes del mundo en la unidad. Recordamos que cuando hablábamos de la evangelización de las culturas, veíamos que una razón para llevar el Evangelio a todas las culturas es hacer que la Iglesia sea verdaderamente más católica. La palabra "plenitud" es otro término que en ocasiones se usa para referirse a la rica complementariedad de dones que deberían unirnos para construir a la Iglesia entera. Este es el sentido dado en *LG:*

> Este carácter de universalidad, que distingue al pueblo de Dios, es un don del mismo Señor por el que la Iglesia Católica, tiende eficaz y constantemente a recapitular la humanidad entera con todos sus bienes, bajo Cristo como cabeza en

> la unidad de su Espíritu. En virtud de esta catolicidad cada una de las partes presenta sus dones a las otras partes y a toda la Iglesia, de suerte que el todo y cada uno de sus elementos se aumentan con todos los que mutuamente se comunican y tienden a la plenitud en la unidad. (13)

Podemos decir que la Iglesia es Católica sólo porque Cristo es católico. En diferentes referencias, especialmente en la carta a los Efesios y los Colosenses, Cristo es presentado en términos de "plenitud". Estas referencias indican que Cristo abraza o "toma consigo" cada dimensión de nuestra existencia, a fin de que todas las cosas puedan ser "reconciliadas" en él. Precisamente porque todas las cosas fueron creadas a través de él, Cristo es el único en quien todas las cosas encuentran su verdadero lugar. Al encarnarse en un ser humano, Cristo "asumió" todas las realidades propias de nuestra vida.

Jesús fue una persona "verdaderamente católica". Con esto queremos decir que estaba totalmente abierto a los demás; su personalidad era de tal manera que se relacionaba con todas las personas y con todo el mundo de manera inclusiva. Ningún bien le era ajeno o extraño. Jesús abrazó todas las cosas como ser humano. Estamos llamados a nuestra manera, a convertirnos en "personas católicas", es decir, en personas que estén completamente abiertas al intercambio mutuo de dones con todas las personas en el mundo. Así la Iglesia Católica es aquella comunión de personas en Cristo, que está constituida por esa mutua donación y recepción de dones, por la participación en todo lo bueno de la creación divina. La imagen que viene a la mente es la de un coro o una sinfonía. Cada persona contribuye de una manera única para que se produzca una armonía mayor por mediación del director o conductor. Cristo es el gran conductor; en él todas las cosas encuentran su belleza.

Resumen

A partir de las reflexiones anteriores, podemos descubrir que ser una, santa, católica y apostólica es a la vez una realidad que la Iglesia *es*, y una realidad a la cual la Iglesia está continuamente llamada a *llegar a ser*. Nuestro don, también es nuestra tarea. La Iglesia es lo que es, primero que todo porque participa en la unidad, santidad, catolicidad y apostolicidad de Dios. Dios es uno. Dios es santo. Dios es católico, es decir, la plenitud del ser. Y Dios es apostólico en cuanto que Cristo y el Espíritu son enviados al mundo. La Iglesia recibe todas estas cualidades del Dios trino. Estamos llamados a valorar los dones que hemos recibido. ¡Y este es nuestro gran desafío y nuestra gran aventura!

Para reflexionar

1. Cuando piensas en la Iglesia como "santa", ¿qué viene a tu mente? Cuando piensas en la Iglesia como "pecadora", ¿qué viene a tu mente?

2. ¿Por qué es importante distinguir entre la "Iglesia Católica" y la "única Iglesia de Cristo"?

3. ¿De qué manera tú y la Iglesia podrían volverse más "católicos"?

Conclusión

Hemos llegado al punto desde donde partimos para nuestro estudio. La comunión conduce a la misión y la misión nos regresa a la comunión. Nuestra experiencia como cristianos "en" la Iglesia, especialmente en la liturgia eucarística, y nuestra experiencia de vida "en el mundo" son ingredientes cruciales de este libro. En la liturgia, cuando nos reunimos, escuchamos la Palabra de Dios, profesamos el Credo, celebramos la Eucaristía y somos enviados al servicio, nos reafirmamos a nosotros mismos y a los demás lo que significa ser Iglesia. En el mundo, cuando buscamos la paz, trabajamos por la justicia, defendemos la dignidad de la vida, fortalecemos nuestras familias, y cuidamos la tierra, afirmamos a nosotros mismos y a los demás, lo que significa ser Iglesia.

A lo largo de estas páginas he explicado una visión de la Iglesia. Sin embargo, las palabras deben encarnarse para que se realice la visión. Estamos llamados en una diversidad de maneras, a encarnar en nuestras vidas la Palabra de Dios, el Evangelio. No solamente estamos llamados a pertenecer a la Iglesia; estamos llamados a *ser* la Iglesia. Estamos llamados a la comunión y a la misión, a reunirnos y a ser enviados, a congregarnos y despedirnos. Vivamos este don con gratitud, alegría y con la esperanza en la reunión futura, en la cual, el banquete de la celebración no tendrá fin.

Abreviaturas

AA   *Apostolicam actuositatem* (Decreto sobre el apostolado de los laicos)

AGD   *Ad gentes divinitus* (Decreto sobre la actividad misionera de la Iglesia)

CIC   *Catecismo de la Iglesia Católica*

CD   *Christus dominus* (Decreto sobre el oficio pastoral de los obispos en la Iglesia)

CL   *Christifideles laici* (Sobre la vocación y la misión de los fieles laicos en la Iglesia y en el mundo)

DV   *Dei verbum* (Constitución dogmática sobre la divina revelación)

EN   *Evangelii nuntiandi* (Sobre la evangelización en el mundo moderno)

FC   *Familiaris consortio* (Sobre el papel de la familia cristiana en el mundo moderno)

DGC   *Directorio general para la catequesis* (1997)

VHD   *Vayan y hagan discípulos*

GS   *Gaudium et spes* (Constitución pastoral sobre la Iglesia en el mundo contemporáneo)

ILCL   *Instrucción sobre libertad cristiana y liberación*

JM   *Justicia en el mundo*

LG   *Lumen gentium* (Constitución dogmática sobre la Iglesia)

MD   *Mulieris dignitatem* (Sobre la dignidad y vocación de las mujeres)

PO	*Presbyterorum ordinis* (Decreto sobre el ministerio y la vida de los presbíteros)
RICA	*Rito de Iniciación Cristiana de Adultos*
RH	*Redemptor hominis* (El redentor del hombre)
RM	*Redemptoris missio* (Sobre la validez permanente del mandato misionero de la Iglesia)
SC	*Sacrosanctum concilium* (Constitución sobre la sagrada liturgia)
TMA	*Tertio millennio adveniente* (Sobre la venida del tercer milenio)
UR	*Unitatis redintegratio* (Decreto sobre el ecumenismo)

Reconocimientos

Las citas de la Escritura están tomadas de la *Biblia de América* © La Casa de la Biblia 1994 y © PPC, Sígueme y Verbo Divino. Textos impresos con los debidos permisos. Todos los derechos reservados.

Los extractos de los documentos conciliares del Vaticano II, los papales y los postconciliares están tomados de las traducciones oficiales, Librería Editrice Vaticana, 00120 Ciudad del Vaticano.

Los extractos del *Directorio General para la Catequesis,* están tomados de ©1997 Librería Editrice Vaticana—Conferencia Católica de Estados Unidos. Textos impresos con los debidos permisos. Todos los derechos reservados.

Los extractos correspondientes al *Catecismo de la Iglesia Católica* © 1997 son propiedad intelectual de la United States Catholic Conference of Bishops, Inc. –Libería Edtrice Vaticana.

Los extractos de *Vayan y hagan discípulos,* están tomados de © 1993 United States Catholic Conference, Inc. (USCC), Washington, D.C.; extractos de *Compartiendo la enseñanza social católica* copyright © 1998 USCC.; extractos de *Cristianos de cada día* copyright © 1998 USCC. Textos impresos con los debidos permisos. Todos los derechos reservados. Ninguna parte de estos documentos puede reproducirse por ningún medio sin el permiso escrito del propietario de los derechos de autor.

Loyola Press ha hecho los intentos posibles y necesarios de contactar a los propietarios de los derechos de autor de las obras citadas en esta publicación a fin de obtener su permiso y acreditar propiamente su trabajo. En el caso de alguna omisión, la editorial corregirá la omisión y/o error en las próximas ediciones.

Acerca del autor

Morris Pelzel es profesor asistente de teología sistemática de Saint Meinrad School of Theology, en San Meinard, Indiana. Obtuvo su doctorado en teología en Catholic University of America en 1994. Enseña diversos cursos en Saint Meinrad, incluyendo Teología fundamental, Antropología teológica, Trinidad, Teología ecuménica, y Eclesiología. Su curso en ciencias y teología fue seleccionado como ganador en 1977 al premio *Templeton Foundation Course Design Program in Science and Religion*.